Jörg Müller Höre, was ich *nicht* sage

Jörg Müller

Höre,
was ich *nicht* sage

Die Aufdeckung
unserer verschlüsselten
Verhaltensweisen

J. F. Steinkopf

Die Deutsche Bibliothek - CIP-Einheitsaufnahme

Müller, Jörg:

Höre, was ich nicht sage:
die Aufdeckung unserer verschlüsselten Verhaltensweisen/
Jörg Müller. - 2. Aufl. - Stuttgart; Kiel: Steinkopf, 1996
ISBN 3-7984-0732-0

ISBN 3-7984-0732-0

J.F. Steinkopf Verlag Stuttgart/Kiel
2. Auflage 1996
Alle Rechte vorbehalten
© by J.F. Steinkopf Verlag GmbH
Umschlaggestaltung: Heidi Müller, München
Herstellung: Clausen & Bosse, Leck

Inhalt

Was ist Verschlüsselung? 7

Im Grunde bin ich anders,
    nur komme ich nicht dazu. 15

Wie reden wir miteinander? 17

Wenn die Organe protestieren 27

Verräterische Fehlleistungen 33

Und sie erkannten, daß sie nackt waren 37

Neid 40

Eifersucht 46

Haß 52

Wut 58

Rechthaberei 64

Eitelkeit 70

Ehrgeiz 76

Ungeduld 81

Unentschlossenheit 86

Vorurteile 92

Selbstablehnung 98

Rigorismus 102

Konsumzwang 106

Schüchternheit 111

Ohne Vergebung geht es nicht 116

Sind immer die Erzieher schuld? 121

Literatur 124

*Als ein Mann, dessen Ehe nicht gut ging,
seinen Rat suchte, sagte der Meister: »Du
mußt lernen, deiner Frau zuzuhören.«
Der Mann nahm sich diesen Rat zu Herzen
und kam nach einem Monat zurück und
sagte, er habe gelernt, auf jedes Wort, das
seine Frau sprach, zu hören.
Sagte der Meister mit einem Lächeln:
»Nun geh nach Hause und höre auf jedes
Wort, das sie nicht sagt.«*

Was ist Verschlüsselung?

Täglich haben wir es mit Menschen zu tun, die sich anders geben, als sie sind. Sie bauen Fassaden auf, mit denen sie ihre wahren Gefühle und Bedürfnisse verdecken. Sie spielen eine bestimmte Rolle, von der sie glauben, daß sie gesellschaftlich attraktiv ist und ihnen Vorteile verschafft. Sie reden oftmals anders, als sie denken, und sie handeln anders, als sie sagen. Und wenn wir ehrlich sind, dann gehören wir, Sie, verehrter Leser, und ich, ebenfalls zu diesen Leuten.

Wie kommt es, daß wir unser wahres Ich verdecken wollen? Welche negativen Erfahrungen müssen vorliegen, daß wir uns einen Panzer anlegen und unser inneres Erleben, Fühlen und Denken absichern? Haben wir Angst, unser wahres Ich könnte den Erwartungen nicht standhalten? Oder haben wir Angst davor, uns auszuliefern und ausgelacht zu werden?

Wie oft entdecke ich bei mir selbst jene Untugenden und Ängste, die meine Patienten mir gegenüber offen zugeben, um von ihnen befreit zu werden! Sie sind selbst bei denen latent vorhanden, die sich in der Gewalt zu haben glauben. Wer kennt nicht das Gefühl von Neid und plötzlich hochschießender Eifersucht? Wer ist schon frei von den kleinen Eitelkeiten des Lebens, die sein lädiertes Selbstwertgefühl kaschieren sollen? Und wer hat noch nie die ernüchternde Erkenntnis gewonnen, eben jenen Lastern zu frönen, die er seinen Mitmenschen vorwirft?

Dies muß nicht bedeuten, daß wir Heuchler sind. Es läßt uns aber erahnen, wie wenig wir uns selber kennen, wie sehr wir uns verleugnen und vor der Auseinandersetzung fürchten. Diese Art der Selbstverleugnung hat nicht das geringste mit der Forderung Jesu zu tun, ihm »nachzufolgen und sich zu verleugnen«, das heißt sich demütig auf den letzten Platz zu stellen, eben, weil wir nie bis zu unserem wahren Selbst vordringen werden und uns allzu häufig in der Beurteilung anderer täuschen.

Je mehr wir unsere Untugenden verbergen, um so kleiner wird unser Selbstvertrauen. Es gibt großartige Menschen, die unter gewissen heimlichen Fehlern fürchterlich leiden; je größer ihr Ansehen ist, desto höher liegt die Angst, diese Fehler offen einzugestehen. Die damit verbundene Demütigung erlaubt es ihnen nicht, ehrlich zu sein. Damit verbunden ist auch der Rückgang der Beichtpraxis. Aber gerade sie wäre das einzige Mittel zur Befreiung. Wann haben wir das letzte Mal vor uns selber und vor einem verschwiegenen Menschen unsere Laster eingestanden?

Masken sind manchmal sehr nützlich, mitunter sogar notwendig. Ich muß mich nicht jedem Gegenüber zu erkennen geben, angreifbar machen. Dennoch: Wir werden zu starren, uniformen Menschen, wenn wir nur noch die erwarteten Rollen spielen und unsere wirklichen Bedürfnisse verschleiern. Dann tritt die Langeweile auf den Plan, einer der Gründe für das Auseinanderleben der Menschen.

Ein Student äußert großes Interesse an der Arbeit seines Professors, hält sie aber in Wahrheit für bedeutungslos. Er heuchelt Interesse, um sich bei der Stellenbewerbung als künftiger Assistent Vorteile zu verschaffen. Ein Lehrer kann nicht zugeben, daß er im Unrecht ist, und verteidigt seine Position mit ungeheurem Energieaufwand, und das alles nur aus Angst vor einem möglichen Gesichtsverlust. Wieviele betonen die Sachlichkeit ihrer Argumente, wo tatsächlich aber emotionale Gründe vorliegen; beispielsweise prangern sie das unmoralische Verhalten einiger Mitmenschen an, können aber ihren Neid auf die herausgenommene Freizügigkeit dieser Menschen schwer verbergen. Sie alle verschlüsseln ihre persönlichen Empfindungen. Selbst der Gesichtsausdruck verschleiert die Hintergedanken. Weshalb sollte ein Nachrichtensprecher nicht husten dürfen? Warum muß ein Moderator sich dringend davor hüten, persönlich zu werden, wo er am liebsten mal aus der Haut fahren möchte? Und was ist eigentlich gegen ein runzliges Gesicht einzuwenden? Räuspertasten, Schminktöpfe und potemkinsche Dörfer sollen helfen, unser Image zu wahren, das Gesicht nicht zu verlieren.

Als Schüler und später auch als Student habe ich sehr darunter gelitten, daß wir uns Theorien und wissenschaftliche Lehrmeinungen aneignen mußten, hinter denen vielleicht unsere Lehrer, aber wir nicht standen. Wieviele Theorien werden heute im Brustton der Überzeugung vorgetragen, die für das Leben keinerlei Bedeutung haben! Und wie schablonenhaft klingen manche Predigten, die vielleicht unseren Intellekt ansprechen, kaum aber unsere Herzen verändern! Wieviel Kreativität und Originalität geht bei den Menschen verloren, nur weil sie Angst vor einer möglichen Blamage oder unbedeutenden Attacke ihre Intuition (ureigene Bedürfnisse, Ahnungen, Empfindungen) zugunsten der Suggestion (anerzogene, gesellschaftliche Normen und »Anstandsregeln«) vernachlässigen.

Wollen wir immer nur das Beste für den anderen, wie wir vorgeben? Oder ist es nicht vielmehr die Sorge um das eigene soziale Überleben? Echte Persönlichkeiten sind keineswegs immer angepaßt. Sie nennen ihre Bedürfnisse, sind oft unbequem, geben ihre Fehler zu und vermitteln einem das Gefühl, selber auch ernstgenommen zu werden. Mit solchen Leuten läßt sich leben. Sie geben sich nicht kompetenter als sie sind; sie sagen (meistens) nicht Ja, wo sie Nein denken; die damit verbundenen Sanktionen nehmen sie in Kauf. Ich will nicht behaupten, daß es immer klug oder auch möglich wäre, gänzlich ohne Verstellung und Zurückhaltung alles zu sagen, was einer denkt. Der Sittenkodex zwingt uns zu gewissen Rollenverhalten. Mir geht es um eine authentische Lebensweise, so weit sie möglich ist.

Bei meiner allabendlichen Gewissensforschung stelle ich oft fest, wie wenig ich selber war, selbst dann, wenn ich meinte, ehrlich zu sein, wie sehr ich eine Rolle spielte, die ganz anders war als das, was ich bin. Und wenn ich nun erkenne, daß die anderen ebenso an der Kluft zwischen Anspruch und Wirklichkeit leiden, selten die sind, für die sie im Guten wie im Bösen gehalten werden, dann leide ich darunter, so wenig tolerant, versöhnlich und gütig gewesen zu sein.

Wir sollten lernen, konfliktfähig, versöhnungsfähig und selbstbewußt zu werden. Um diese Echtheit werden viele beneidet; mitunter deutet man ihr sicheres Auftreten als Arroganz. Andere werfen ihnen vielleicht »mangelnde Diplomatie« vor oder betiteln sie als »komische Figuren«. Ein echter Mensch zeigt unverschlüsselt seine Empfindungen, aber nicht so, daß er andere erdrückt, beschimpft, beleidigt, oder ihnen seine eigenen Probleme aufdrückt. Er wird nicht sagen: »Du Idiot, kannst du nicht einmal pünktlich sein!« Er wird sagen: »Ich ärgere mich darüber, daß du zu spät kommst.« Und er wird sich fragen, inwieweit dieser Ärger sein eigenes Problem ist.

Er wird seinem wütenden Nächsten nicht geplante Boshaftigkeit unterstellen, sondern sich fragen, inwieweit er selber mit all den Verletzungen und widrigen Umständen, mit denen dieser Mensch leben muß, auch so reagieren würde. Wem verdankt er sein Anderssein? Waren nicht die größten Heiligen zuvor auch die größten Sünder?

Wer sich so gibt, wie er ist, lebt authentisch, ist echt. Um so sein zu können, bedarf es einer gewissen seelischen Ausgeglichenheit und Stärke, vor allem der schonungslosen Selbsterkenntnis. Dazu können alle Religionen der Welt verhelfen, die die Einmaligkeit der Person, ihre Würde und ihre von Gott gewollte Existenz lehren. Ich mache regelmäßig die Erfahrung, daß gegenseitige Offenheit und Transparenz vornehmlich im Angesicht Gottes geschieht, zum Beispiel, wenn Menschen kommen und von mir das handauflegende Gebet um Heilung erbitten. Was sie da aussprechen und in Demut bekennen, läßt mich jedesmal meine eigene Grenze, meine eigene verborgene Empfindlichkeit, Eitelkeit und Unaufrichtigkeit spüren.

Wer fassadenhaft lebt, täuscht nicht nur seine Mitmenschen, sondern auch sich selber. Er muß zweifellos eine tiefsitzende Angst haben und verdient unser Mitleid. Wenn er nie zur Besinnung kommt, weil er einen permanenten Unruhepegel um sich herum aufbaut, kann er blind und taub werden für kritische Reaktionen seiner Umwelt. Eine Umkehr im Denken und Tun wird für ihn dann nicht mehr möglich sein. Er wird Vorwürfe selbstgerecht und im Ton sachlicher Argumentation abweisen oder das Gegenteil dessen sagen, was er eigentlich fühlt: »Du kannst ja gehen, wenn du willst. Glaube nicht, ich wäre von dir abhängig! Aber du wirst noch sehen, wie sehr du mich brauchst, meine Liebe!« Eine solche Aussage lautet entschlüsselt: »Bitte geh nicht. Ich brauche dich, weil ich dich liebe (oder weil ich Angst vor dem Alleinsein habe). Und ich will von dir gebraucht werden.« Wir sehen, dieser ängstliche Mann glaubt, seine Stärke und Männlichkeit zu verraten, wenn er seine wahren Gefühle preisgibt. Er nennt sie »meine Liebe«, was ja auch stimmt. Doch der Ton paßt nicht dazu. Er benutzt die Ironie als Kampfmittel, um der geliebten Partnerin weh zu tun. Dabei möchte er ihr gar nicht weh tun; er liebt sie ja. Doch verletzte Eitelkeit oder Verlustangst verführen häufig zu Überreaktionen, die das heraufbeschwören, was man nicht will. Deshalb ist es gut, derartige Attacken nie zu persönlich zu nehmen und sich der Regel zu vergewissern, daß verletzende Menschen selber Verletzte sind.

Auch wer Zeit sparen will oder seine Mitmenschen nicht über Gebühr beanspruchen möchte, gibt sich anders als er ist. »Hallo, Michael, wie geht's dir?« begrüßte ich einmal einen guten Bekannten auf der Straße, worauf er antwortete: »Offiziell geht es mir gut, privat miserabel. Wenn ich aber jedem die Wahrheit sage, fühlen sich die Leute genötigt, sich mit mir länger abzugeben. Das will ich denen und mir nicht zumuten; deshalb geht es mir immer gut.«

Nun müssen wir nicht meinen, daß die meisten Menschen sich besser oder frommer geben als sie sind. Es gibt ja nicht nur Scheinheilige, sondern auch Scheinböse. So können gerade jene, die beispielsweise am meisten von ihren Glaubenszweifeln reden, besonders von Gott ergriffen sein. Oder es verhält sich jemand ziemlich gleichgültig einer Person gegenüber, die er mag. Er hat aber Angst vor seinen überschäumenden Gefühlen. So legt er sich zum Schutz vor allzugroßer Leidenschaft oder Verletzbarkeit etwas mehr Zurückhaltung auf als es erforderlich wäre. Vielleicht steht ihm dabei sein rigides Gewissen im Weg, und er leidet dabei unsäglich. Die andere Person nun, die ihrerseits auf Zuneigung hofft, weil sie ebenfalls Sympathien hegt, deutet diese Zurückhaltung als Desinteresse und wendet sich enttäuscht ab. Aufbrechende, noch junge Liebe ist sehr zerbrechlich. Wer sagt mir denn, daß meine Zuneigung entsprechend beantwortet wird?

Nicht wenige schimpfen auf Kirche und Papst, um sich im allgemeinen Schmähkonzert Solidarität und das Gefühl der Akzeptanz zu verschaffen, das sie zur Kompensation ihrer seelischen Labilität brauchen, obgleich sie gar nichts gegen Kirche und Papst einzuwenden hätten. Sie haben Angst vor einem möglichen Außenseitertum, wenn sie hier nicht mitmachen. Spricht man mit ihnen privat, hört sich ihre Meinung ganz anders an. Es ist für viele Menschen nicht leicht, gegen den Strom zu schwimmen. Jugendliche Gewalttäter geben zu, daß sie manchmal aus keinem anderen Grund zuschlagen als aus einem existentiellen Frustgefühl heraus, das im Wir-Gefühl der Gleichgesinnten verdrängt wird. Privat haben sie gar nichts gegen ihre Opfer. Hetzparolen sind gedankenlos übernommen worden. Hauptsache: Die Gruppe akzeptiert mich. Deshalb sind die herkömmlichen Bestrafungen und Kasernierungen wenig hilfreich; sie verstärken eher noch das Empfinden, von der Gesellschaft abgelehnt zu sein. Jugendliche können viel besser und effizienter durch Gleichaltrige bekehrt werden, wenn sie in gemeinsamen Aktionen außerhalb der Gefängnismauern Freunde, Arbeit und Lebenssinn finden. Modelle dieser Art haben sich gut bewährt.

Eine Frau beklagte sich über das Fremdgehen ihres Mannes, gibt aber zugleich zu, daß sie sich seit Beginn ihrer Ehe vor der Sexualität fürchtete. Auf vier Briefseiten läßt sie sich negativ über ihren Mann und dessen Familie aus. Es ist nicht schwer zu erkennen, daß sie sich letztlich selber anklagt, eben aufgrund der Abwehr der sexuellen Beziehung, die ihren Mann in die Arme einer anderen trieb. Hartnäckiger Groll über andere kann als Deckmantel für den Groll über eigenes Fehlverhalten dienen. Jene Frau benutzte außerdem ihr freundliches und aufopferndes Verhalten innerhalb der Familie, um ihr schlechtes Gefühl zu verdrängen, das sich aus der Tatsache der sexuellen Verweigerung ergab. Sie war sich dieser Rolle gar nicht bewußt. Die eigentliche Botschaft an ihren Mann lautete: Ich verweigere mich dir sexuell, weil ich davor Ekel habe. Damit du aber keinen Grund hast, mir untreu zu sein, tue ich ansonsten alles für dich.

Doch dieser Handel glückte nicht. Schließlich warf sie ihrem Mann vor, er sei unersättlich in seinen sexuellen Ansprüchen, es gäbe doch noch andere Werte in einer Ehe. Da auch das nichts nutzte, flüchtete sie in eine Depression mit allerlei organischen Funktionsstörungen. Die darin verschlüsselt ausgedrückte Forderung nach Rücksichtnahme und verstärkter Zuwendung hat der Mann nicht erkannt. Er nahm die Krankheit seiner Frau zum Anlaß, endgültig zur anderen Frau zu ziehen. Natürlich mit schlechtem Gewissen. Das aber mußte er nun maskieren, indem er rationale Gründe für seinen Auszug vorbrachte und sich so selber belog. Beide bedürfen natürlich der inneren Heilung, nicht der Bestrafung oder der kirchlichen Exkommunikation, der manche Frommen vorauseilen, indem sie diese Unglücklichen aus ihrem Blickfeld ausgrenzen.

Täglich suchen mich Menschen auf, die sich nicht wehren können, die Angst haben, ihre wahren Bedürfnisse zu offenbaren, die sich von anderen erdrücken lassen, im Sprechzimmer aber hundert Anklagen vorbringen, zugleich meinen Tadel fürchtend. Da sitzen sie mir gegenüber und schämen sich aus unterschiedlichen Gründen: der eine, weil er so viel falsch gemacht hat und das nun offenbart, der andere, weil er viel falsch gemacht hat und es nicht zu offenbaren wagt oder in höchst umständlicher Weise ausspricht.

Paul Tournier schreibt in seinem Buch »Die Starken und die Schwachen« (S. 107): »Weil sie oft hintergangen wurden, sind sie der Ansicht, es sei nicht gut, jede Wahrheit auszusprechen; doch statt sich durch ihre Intuition und ihr Herz leiten zu lassen in Bezug auf das, was zu sagen und was zu verschweigen ratsam ist, irren sie sich in ihren Berechnungen und begehen eine Ungeschicklichkeit nach der anderen.«

Verschlüsselungen sollen helfen, mein Gesicht zu wahren, andere nicht zu sehr zu verletzen, meine intimen Gedanken und Gefühle vor der Lächerlichkeit zu bewahren. Das ist legitim. Nicht selten aber erreichen sie das Gegenteil. Das Maskenhafte wirkt steif und unpersönlich; die Fassade verhindert den Zugang zum Kern des Menschen; das Rollenverhalten läßt kaum noch etwas von dem erkennen, was zutiefst menschlich ist und sein darf. Jesus war offenkundig der einzige, der das aussprach, was er dachte und der die Menschen so annahm, wie sie waren: Sünder und Suchende. Er sah in ihr Inneres und legte bloß, ohne bloßzustellen, entschlüsselte ihre Reden, ihre Krankheiten und ihre Gedanken. Sein Schlüssel war die Liebe. Der Preis für seine Offenheit war hoch. Die meisten von uns werden ihn nicht zahlen können; umso mehr dürfen wir auf die unendliche Barmherzigkeit Gottes hoffen, die uns Menschen vorwegnehmend bereits erlöst hat.

Im Grunde bin ich anders,
nur komme ich nicht dazu

Viele von uns mußten schon als Kinder anders sein, als sie sein wollten. Sie wurden angehalten, sich brav und unauffällig zu benehmen, in der Schule gute Noten zu schreiben, ihre Bedürfnisse beherrschen zu lernen, Wut, Zorn und Schmerz zu unterdrücken. Dagegen ist prinzipiell nichts einzuwenden, muß der Mensch doch lernen, mit seinen Gefühlen und Wünschen maßvoll und beherrscht umzugehen. Das Problem beginnt erst dann, wenn die Erwachsenen ohne Begründung oder mit vorgeschobenen, unechten Motiven jenes angepaßte Verhalten fordern. »Hör jetzt auf zu schreien! Was denken denn deine Kameraden von dir, wenn sie dich jetzt hören würden? Du sollst dich schämen!« – »Wenn du jetzt nicht brav das Gemüse ißt, hat die Mama dich nicht mehr lieb.« – »Wie läufst du denn herum? Du wirst doch wohl in diesen Klamotten nicht rausgehen? Da liegen die schönsten Sachen im Schrank, und du kleidest dich wie ein Gammler.« – »Ich verbiete dir, heute abend schon wieder auszugehen. Du bleibst hier. Wir werden doch mal sehen, wer hier das Sagen hat.«–»Laß die Finger davon! Das geht dich gar nichts an. Und hör auf, mich dauernd zu nerven! Und im übrigen bin ich dir keine Erklärung schuldig, merk dir das!«

Solche Bemerkungen helfen nicht; sie erniedrigen, machen schuldig und erzeugen Angst vor dem Liebesverlust im Fall eigenmächtiger oder eigensinniger Entscheidungen. Hier wird nur imperativisch gesprochen, das heißt befehlend und drohend. Junge Menschen aber haben mehr als die Erwachsenen ein besonderes Recht auf Fehler; nur durch Versuch und Irrtum, aber auch durch partnerschaftliche Gespräche und Offenlegung der wahren Gründe, läßt sich Leben lernen.

15

»Im Grunde bin ich anders, nur ich komme nicht dazu, weil die Erwachsenen mich nicht lassen. Sie haben Angst, ich könnte ihnen entgleiten; so drohen sie mit Liebesentzug und bauen nach außen hin eine heile Welt. Das Theater mache ich nicht mit. Ich möchte so sein dürfen, wie ich bin mitsamt meinen Macken. Wie soll ich denn jemals meinen eigenen Weg finden, wenn man mir alle Neben-, Um- und möglichen Irrwege versperrt?« meinte ein junger Mann, der wegen häuslicher Schwierigkeiten zu mir kam.

Eine zweite Gruppe von Menschen kommt deshalb nicht zu sich selber, weil sie es nicht will. Sie hat Angst vor der demütigenden Wahrheit; es könnte eine böse Überraschung geben, wenn sie die in Geschäftigkeit und Lärm untergehenden Schichten ihrer Seele hochkommen ließen. Sie spüren wohl, daß sie am Leben vorbeileben und zur Besinnung kommen müßten, meiden aber tunlichst jede Chance zur Umkehr, weil sie erhebliche Konsequenzen zu ziehen hätten. Dazu sind sie nicht bereit aus Angst, etwas zu versäumen; oder sie sind einfach unentschlossen. Gleichzeitig beneiden sie diejenigen, die ihr Leben bewußter und spiritueller gestalten. Dieser Neid kann sich hinter spöttischen Bemerkungen verbergen, in einem momentanen Seufzer, oder indem sie eine Beziehung zu solchen Menschen aufbauen, ohne aber selber das zu leben, was sie bei diesen Leuten bewundern.

»Im Grunde bin ich anders, nur ich komme nicht dazu, weil ich Angst habe, erhebliche Abstriche in meinem Leben machen zu müssen. Dazu bin ich nicht bereit, noch nicht. Um mir dessen nicht immer bewußt zu sein, und um mein schlechtes Gewissen zum Schweigen zu bringen, lasse ich keine Ruhe aufkommen. Ich gehe in Betriebsamkeit auf, vielleicht auch unter.«

Eine solche Verbissenheit will nichts anderes als Rehabilitation für die in der Kindheit erfahrenen Kritiken und Verbote, die eine unterschwellige Angst erzeugten, im Leben zu viel versäumt zu haben. Wer als Kind zu hören bekommt, dies und jenes sei erst erlaubt im Erwachsenenalter, wird danach handeln.

Vieles ließe sich verhindern, wenn wir ehrlicher argumentierten. Ich möchte im nächsten Kapitel einige typische Beispiele verschlüsselten Sprechens bringen und die Entschlüsselung gegenüberstellen.

Wie reden wir miteinander?

Aus den wenigen bisher genannten Beispielen täglichen Umgangs miteinander dürfte klar geworden sein, wie verschlüsselt unser Reden und Handeln ist. Die Lehrpläne der Schulen, die angeblich für das Leben tauglich sein sollen, kennen keine Übungen zum fairen Streiten oder zum unverschlüsselten Reden. Das stellte bereits der römische Schriftsteller Seneca fest, als er sagte: »Nicht für das Leben, sondern für die Schule lernen wir!« Ein Satz, der später umgedreht wurde. Wir haben nicht gelernt, offen unsere Gefühle zu verbalisieren, Enttäuschungen, Ängste oder Ärger authentisch auszudrücken. Wir können nicht konstruktiv streiten, sachbezogene und persönliche Meinungen auseinanderhalten, den Mitmenschen in Liebe korrigieren. Wer ein übertriebenes Harmoniebedürfnis hat, also Auseinandersetzungen um des lieben Friedens willen, der meist keiner ist, scheut, wird seine Meinung und seine Empfindungen verdrängen oder maskieren. Hin und wieder spüren wir zwar die Verschleierung, haben aber Schwierigkeiten im Umgang mit ihr. Umgekehrt hoffen wir, daß die anderen unsere eigenen Deckmäntelchen nicht erkennen mögen. Wie oft legen wir falsche Spuren und lenken mehr oder weniger geschickt die Aufmerksamkeit der anderen ab, um nicht ertappt zu werden. Die Verwischung unserer kleinen Ängste kostet uns eine Menge Energie, die es nicht wert ist, aufgebracht zu werden. Doch die Angst ist von jeher ein schlechter Ratgeber gewesen, weshalb Jesus uns immer wieder zum Loslassen auffordert. Loslassen kann nur der, der Vertrauen hat. Und vertrauen kann nur der, der seine Ängste zugeben kann. Gott verheißt jedem seine Gnade, der seine Schwachheit anerkennt. Wer sie aber nicht anerkennt, ist versucht, seinen Mitmenschen Angst zu machen. Diese Erfahrung ist sehr wichtig: Ängstliche Menschen, die stark erscheinen wollen, machen anderen Angst.

Ein Lehrer, dem es nicht gelingt, sich in einer Klasse durchzusetzen, greift plötzlich zu Drohungen, macht Überraschungsangriffe, indem er mündliche Prüfungen vornimmt, und schreit die Schüler an. Er ist überfordert und fürchtet einen Gesichtsverlust vor der Klasse und vor dem Kollegium. Seine Aggression, hinter der sich Angst verbirgt, drückt er in der verbalen Kommunikation nur verschlüsselt aus:»Ihr seid unmöglich! Macht nur so weiter, dann werdet ihr schon sehen, was passiert!« Diesen Ausspruch kennen wir alle, haben ihn vielleicht schon selber im Mund geführt. Was meint er denn wirklich mit der Aufforderung, weiterzumachen? Und was findet er so unmöglich? Das sagt er ja nicht. Entschlüsselt will er eigentlich sagen:»Ich bin wütend und ohnmächtig. Euer Verhalten ärgert mich, weil ich nicht weiß, wie ich dagegen ankommen kann. Ich bin frustriert, weil ich von euch keine positive Rückmeldung bekomme. Bitte unterlaßt die Privatgespräche! Andernfalls greife ich zu Maßnahmen, die mir selber verhaßt sind.« So ähnlich könnten seine wahren Gefühle sein. Möglicherweise ärgert er sich auch über sich selber, über seine unzulängliche Methode oder über seine Unfähigkeit, den Stoff interessanter zu gestalten... Weshalb aber sagt er es nicht?

Ich habe selber 14 Jahre lang an verschiedenen Berufsschulen und Gymnasien unterrichtet und kenne die Verschlüsselung durch leere Drohungen, durch Ironie oder Schuldzuweisungen. Schließlich wagte ich es, meine wirklichen Gefühle und Bedürfnisse zu artikulieren. Ich gestand meine Ängste ein, sprach offen über meinen Frust und bat die Schüler und Schülerinnen um Vorschläge für eine bessere Unterrichtsgestaltung. Diese Offenheit beeindruckte sie. Die Zusammenarbeit wurde spürbar leichter. Ich gebe diese Erfahrung weiter, wenn ich auch weiß, daß die heutige Situation in den Schulen ungleich problematischer ist und am pädagogischen Nerv zehrt. Es ist keine Frage, daß sowohl Lehrpläne als auch Unterrichtsformen geändert werden müssen.

Ein Ehepaar streitet sich. Die Frau ist eifersüchtig. Im folgenden Beispiel erleben Sie verschiedene unfaire, aber leider sehr typische Taktiken, die beide anwenden, um ihre Angst vor einer totalen Zerrüttung zuzudecken.

Sie: (schmollt, weil er mit einer anderen Frau flirtete.)
Er: *Hast du was?*
Sie: *Nein.*
Er: *Du machst so ein saures Gesicht.*
Sie: *Na und? Was stört dich das?*
Er: *Bitte, ich habe nur gefragt.* (langes Schweigen)
Sie: *Sag doch gleich, daß du Schluß machen willst mit mir!*
Er: *Was redest du da? Ich glaub, du spinnst.*
Sie: (weint)
Er: *Jetzt geht das schon wieder los.*
Sie: (verläßt das Zimmer, schlägt die Tür zu)
Er: *Glaub nur ja nicht, daß du damit bei mir ankommst!*
Sie (tränenerstickt:) *Meine Mutter hatte recht, mich vor dir zu warnen.*
Er: *Dann geh doch zu deiner Mutter! Heirate sie!*
Sie: (weint noch lauter, wirft ein Glas auf den Boden)
Er: *Jaja, mach nur alles kaputt! Aber mache mich bitte nicht dafür verantwortlich!*
Sie: (packt den Koffer)
Er: *Das dürfte das 5. Mal sein, daß du den Koffer packst. Bin mal gespannt, wie lange du es diesmal bei deiner Mutter aushältst.*

Unglaublich, wie hier zwei Erwachsene miteinander umgehen. Nicht eingestandene Angst führt zu seltsamen Reaktionen. In diesem Vorfall wird gelogen, ironisiert, interpretiert, verallgemeinert, schuldig gemacht, erpreßt, gegenseitig ausgespielt, abgeblockt und bestraft. Das unverschlüsselte Streitgespräch könnte sehr unterschiedlich ausfallen; hier ein Vorschlag:

Sie: *Hans, du weißt, daß ich schnell eifersüchtig werden kann. Ich habe Angst, dich zu verlieren. Wie du dich gestern mit der Erika abgegeben hast, hat mir weh getan. Ich weiß, es ist mein Problem.*
Er: *Glaube mir, es ist zwischen uns alles o.k. Und gerade deshalb kann ich guten Gewissens mit der Erika so umgehen. Du brauchst keine Angst zu haben.*

Natürlich kann das Gespräch auch ganz anders verlaufen:

Er: *Anne, ich spüre deine Angst wieder. Hat es mit der Erika zu tun?*
Sie: *Ja. Ich werde einfach nicht damit fertig. Ich ärgere mich selber über meine Eifersucht. Was hat sie, was ich nicht habe?*
Er: *Du meinst, ich hielte sie für attraktiver?*
Sie: *Vielleicht. – Ich wünsche, daß du mir mehr Zuwendung gibst. Ich habe Angst, nur noch am Rande zu stehen.*
Er: (nimmt sie in die Arme und hält sie fest)

Eine solche Ehrlichkeit setzt Vertrauen voraus. Wer liebt, kennt die Schwächen und Grenzen des anderen und wird niemals auf ihnen herumtrampeln. Sollte einer der beiden Gesprächspartner keine Offenheit zeigen, wird es schwer sein für den anderen, dennoch fair zu bleiben. Viele Frauen laufen bei ihren Männern ohnmächtig auf, weil die Männer nicht auf die Nöte ihrer Frauen eingehen. Sie bagatellisieren das Problem der Frau; sie bezeichnen die Angelegenheit als hysterische Einbildung, oder sie verlassen den Raum. Manche bestrafen durch tagelanges Schweigen. Frauen hingegen erpressen sich die Zuwendung und

Wunscherfüllung durch Migräneattacken oder Unterleibsschmerzen, durch Androhung von Selbstmord oder ebenfalls durch Schmollen und Weinen.

»Oh, mein Kopf. Ins Grab bringst du mich noch!« stöhnt die Mutter angesichts ihrer Kopfschmerzen, die sie der unangepaßten Verhaltensweise ihres Kindes zuschreibt. Würde sie sagen »Ich habe Kopfschmerzen, Klaus. Bitte sei etwas stiller oder geh in das andere Zimmer«, wäre es zumindest für den Klaus nicht so angstbesetzt. Denn verschlüsselte Schuldzuweisungen und leere Drohungen (»Warte nur, bis Vater kommt!« – »Wenn du nicht sofort gehorchst, wird es was geben.«) erzeugen im anderen auf Dauer irrationale Ängste, Minderwertigkeitsgefühle, versteckte Aggressionen und Verlust des Selbstvertrauens oder Scheinanpassung.

»Wenn du pünktlich gekommen wärest, wäre das alles nicht passiert. Aber du kannst ja nie pünktlich sein!« Eine solche Schuldzuweisung und Verallgemeinerung verletzt; sie bewirkt niemals das, was sich der Betroffene erhofft, nämlich Einsicht und Besserung. Die dazu entsprechende Entschlüsselung lautet: »Du kommst zu spät. Ich ärgere mich darüber, daß du jetzt erst kommst. Ich hatte Angst.«

Es fällt auf, daß wir insgesamt zu häufig mit Ausrufezeichen sprechen, also festnagelnd, fordernd, bestrafend: Hör auf! Laß das! Idiot! Du kannst aber auch nie zuhören! Sei ein bißchen höflicher, verstanden! Mach nur so weiter! Der Kerl kommt mir nicht ins Haus! usw.

Eine solche harte Kommunikation verletzt. Die wirklichen Nöte und Wünsche bleiben unausgesprochen. Das läßt Raum für Vermutungen, Deutungen, Unterstellungen: Was meint sie/er denn nun wirklich? Was hat sie/er denn eigentlich? Warum ist sie/er so aggressiv? Habe ich etwas falsch gemacht und wenn ja, was? Fragesätze sind weicher, nageln nicht fest, sondern lassen die Antwort offen.

Testen Sie sich selber einmal bei den folgenden Aussagen. Welche Antwort würden Sie darauf spontan geben?

Und welche der vorgegebenen Antworten halten Sie für die Beste? Ziel ist es, das in der Aussage verschlüsselte Gefühl zu verbalisieren, also zu spiegeln.

Ihr Kind sagt: *Solche Aufgaben zu rechnen, ist doch der letzte Mist. Sowas brauche ich nie im Leben!*
Ihre Antwort lautet:

1. Du wirst noch sehen, wie sehr du das brauchst!
2. Das wird dein Lehrer wohl am besten wissen.
3. Du bist nur zu faul, gib's zu!
4. Du empfindest die Aufgaben als sinnlos, nicht wahr?

(Antwort 4 ist richtig, weil sie das Gefühl der Sinnlosigkeit ausspricht, das Ihr Kind hat. Antwort 3 unterstellt unbegründet Faulheit. Die Antworten 1 und 2 deuten verschlüsselt an, wie kurzsichtig Ihr Kind die Dinge sieht. Nur bei 4 fühlt sich Ihr Kind verstanden. Diese Antwort bedeutet nicht, daß es die Hausaufgaben nicht zu machen braucht. Es muß lernen, Dinge zu tun, die es im Augenblick für unsinnig hält.)

Ihr Mann / Ihre Frau sagt: *»Ich werde den Chef nie wieder um einen Gefallen bitten. Man kommt sich ja vor wie ein Bettler!«*
Ihre Antwort lautet:

1. Du magst ihn nicht mehr bitten, weil dich das demütigt?
2. Du mußt da viel diplomatischer rangehen!
3. Hast du das Gefühl, daß er dich seine Macht spüren läßt?
4. Wir müssen alle mal zu Boden kriechen, wenn wir was wollen.

(1 und 3 sprechen ein Gefühl aus, wobei sich 3 auf den Chef bezieht. 2 und 4 sind unbrauchbar, wecken allenfalls neuerlichen Ärger. Ihr Partner fühlt sich von Ihnen nicht verstanden, eher getadelt.)

Ihr Kind sagt: *»Die Prüfung heute morgen ging gerade noch gut. Gott sei Dank.«*

Ihre Antwort lautet:

1. Siehst du, du kannst doch, wenn du nur willst!
2. Erstens kommt es anders als man zweitens denkt.
3. Du bist ganz erstaunt über dich selbst, was?
4. Das freut mich für dich.

(3 und 4 sind richtig, weil sie das Gefühl angreifen, das in der Aussage Ihres Kindes verdeckt ist. 1 tut weh, weil es einen indirekten Tadel enthält: Du bist manchmal faul! Und 2 ist ein unsinniger Allgemeinplatz.)

Ihre Tochter kommt mit einem jungen Mann nach Haus, dessen Aufmachung Ihnen nicht paßt. Außerdem ist Ihre Tochter ziemlich schnippisch. Sie kennen aber den Grund ihrer schlechten Laune nicht. Nachdem der junge Mann gegangen ist, sagen Sie zu Ihrer Tochter:

1. Der Kerl kommt mir nicht mehr ins Haus!
2. Kannst du mir mal verraten, was du an diesem Papagei gefressen hast?
3. Du magst ihn, nicht wahr?–Erlaube mir trotzdem eine Bemerkung...
4. Warum bist du so schlecht gelaunt? Hat es etwas mit mir zu tun?
5. Also, ich finde deinen Bekannten recht eigenartig. Er mag ja seine Qualitäten haben, aber muß das denn sein? Und dann auch noch frech werden!

(1 reizt zum Widerspruch, weil hier ein unbegründetes Verbot ausgesprochen wird. 2 verschlüsselt den eigenen Ärger und provoziert Ihre Tochter. 3 ist richtig, weil es eine Anfrage ist und zum Gespräch überleitet. 4 ist nicht ganz falsch, vermeidet aber das Aussprechen der eigenen schlechten Laune. In der 5. Antwort vermengen Sie die Personen: Sie sprechen von Ihrem persönlichen Befund – was heißt hier »eigenartig«? –, von den anonymen Qualitäten des Bekannten und von der Frechheit Ihrer Tochter. Ein bißchen viel für den Einstieg zu einem fairen Ge-

spräch. Es könnte übrigens sein, daß Ihre Tochter deshalb so schnippisch wurde, weil sie Ihre verschlüsselte Ablehnung gemerkt hat. Da reicht schon ein herablassender Blick, eine distanzierte, kühle Begrüßung.)

Wenn uns verschiedene Antworten jeweils vorlägen, würden wir mit großer Wahrscheinlichkeit die richtige wählen. Es ist auch für den Geübten nicht immer einfach, seine eigenen Empfindungen wie auch die seiner Gesprächspartner aufzudecken.

Der psychologisch geschulte Leser wird inzwischen gemerkt haben, daß ich hier die Regeln der Gesprächstechnik benutze. Wir alle sollten lernen, mehr auf die Nöte und die verletzten Gefühle unserer Nächsten einzugehen, biblisch formuliert: uns selbst zu verleugnen, zum Beispiel so:

1. Aktiv zuhören und ausreden lassen. Nicht ins Wort fallen oder sich während des Redens anderer die passende Antwort zurechtlegen.

2. Gefühle und Bedürfnisse des anderen heraushören und fragend spiegeln. (Es fällt auf, daß die besseren Antworten in den oben genannten Beispielen mit dem Fragezeichen enden.)

3. Meine eigenen Erfahrungen nennen, also Ich-Botschaften bringen, um den anderen nicht falschen Vermutungen auszusetzen oder Diskussionen unnötig zu erschweren. Wir verstecken uns noch zu oft hinter dem »man«. (»Man tut sowas nicht!«)

Abschließend drei Beispiele für eine faire, wenn auch nicht immer schmerzfreie Kommunikation:

Erstes Beispiel:

A: *Sie halten sich wohl für besonders schlau, was? Mit dieser Masche kommen Sie bei mir nicht an.* (Unterstellung, Deutung)

B: *Ich bitte um Entschuldigung, wenn ich einen Fehler gemacht haben sollte. Es war keine Masche, sondern gute Absicht.* (sachliche Korrektur)

A: *Das können Sie anderen erzählen, aber nicht mir!* (blockt ab)

B: *Mein Vorgehen mag naiv gewesen sein, ich habe das falsch einge-schätzt. Sie tun mir Unrecht, wenn Sie mir andere Motive unter-stellen.* (Ich-Botschaft, Korrektur)

A: *Mag sein. Sehen Sie zu, daß so etwas nicht mehr vorkommt!* (Einsicht, Appell)

Zweites Beispiel:

A: *Ich fühle mich überfordert mit dieser Aufgabe.* (Ich-Bot-schaft)

B: *Du meinst, es übersteigt deine Kräfte?* (Spiegelung, Anfrage)

A: *Ja. Ich schaffe das nicht. Ich habe dauernd Rückenschmerzen.* (Ich-Botschaft)

B: *Könnte es sein, daß dir diese Arbeit nicht liegt, ich meine, daß sie dir buchstäblich im Kreuz liegt?* (Rückfrage, Deutung)

A: *Das will ich nicht sagen. Aber ich wünsche mir mehr Pausen dazwischen. Es bleibt kaum Zeit zum Entspannen.* (Ich Bot-schaft, Bitte)

B: *Gut. Entwirf mal einen konkreten Wochenplan nach deinen Vor-stellungen. Wir sprechen dann darüber.* (Lösungsvorschlag)

Drittes Beispiel:

A: *Kurt, komm mal her. Wo warst du so lange?* (verschlüsselter Unmut)

B: *Beim Klaus. Das war so abgemacht.* (Rechtfertigung)

A: *Um zehn Uhr solltest du hier sein. Jetzt ist es 11 Uhr. Ich ärgere mich über die verlorene Stunde. Außerdem hatte ich Angst, es wäre etwas passiert.* (Ich-Botschaft, begründete Gefühle)

B: *Ich bitte um Entschuldigung. Wir haben uns noch ein Video an-geschaut, und da verging die Zeit so schnell. Es tut mir leid.* (Einsicht, Begründung)

A: *O.K. In Zukunft bitte ich dich, die Absprachen einzuhalten oder mich anzurufen, wenn etwas dazwischen kommt. Klar?* (Ak-zeptanz, Lösung)

Im nächsten Kapitel werden wir erfahren, wie unser Körper, das heißt die Organe reagieren, wenn wir ständig unsere wahren Bedürfnisse und Emotionen unterdrücken. Funktionsstörungen des Körpers können Protestaktionen sein, wie dies schon in der Bibel erwähnt wird: »Wenn dein Mund schweigt, dann sprechen deine Gebeine« (Psalm 32 und 38). Lernen wir also auch auf die Organe zu hören und deren Sprache zu deuten.

Wenn die Organe protestieren

Jeder von uns kennt das aus eigener Erfahrung: Plötzlich hat er Magen- oder Kopfschmerzen, und er fragt sich unwillkürlich, was ihm denn nun auf dem Magen liegt bzw. Kopfschmerzen bereitet hat. Oft weiß er es sogar. Ärger, eine verpatzte Chance, eine Abfuhr vom Chef, Angst oder allein die Tatsache, daß er irgendein peinliches Gespräch, einen belastenden Termin vor sich herschiebt. Sein Organismus spricht eine eigene Sprache, die wir zu deuten lernen müssen.

Umgekehrt benutzen wir immer wieder kleine Wehwehchen, organische Funktionsstörungen und Unpäßlichkeiten als willkommene Mittel zur Abwehr unbeliebter Entscheidungen: »Ich kann jetzt unmöglich diesen Termin wahrnehmen. Mir ist schwindelig.« Oder als Bestrafung: »Hör auf, ich habe schon den ganzen Morgen Migräne. Da bist du auch nicht ganz unschuldig daran!« Oder als Erpressung: »Oh, mein Rücken. Schon wieder diese verdammten Schmerzen! Wenn du so weitermachst, bringst du mich noch ins Grab. Wem verdanke ich denn das alles?–Was habe ich alles für dich getan!« Die Schmerzen sind echt, keineswegs simuliert. Aber sie werden als unfaire Mittel eingesetzt, um Mitmenschen gefügig zu machen. Statt offen die Wünsche auszusprechen, werden sie hinter organischen Defekten versteckt, weil die Angst vor der Wahrheit zu groß ist. Die Wahrheit könnte lauten: Du bist zu feige, Deine wirkliche Meinung zu sagen. Du hast Angst zu versagen, abgelehnt zu werden, dem Leben nicht standhalten zu können, um Vergebung bitten zu müssen, Dich ändern zu müssen.

Dieser Abschnitt ist meinem Buch »Gott ist anders« (Betulius-Verlag, Stuttgart, 1993) entnommen. Außerdem verweise ich auf das Buch »Wenn die Seele trauert« (Humboldt-Verlag, aktualisierte, erweiterte Auflage 1994), das die Thematik der psychosomatischen Erkrankungen ausführlich behandelt.

Wer stets Zorn schluckt und sich seiner Haut nicht wehrt, muß sich nicht wundern, wenn seine Haut ausschlägt. Denn was einem unter die Haut geht, will ausgedrückt werden. Und wenn es auf verbale Weise nicht geschieht, dann eben auf organische Weise, das heißt die Haut fährt aus der Haut. Natürlich vorwiegend an den Stellen, wo die Haut zu Markte getragen wird: im Gesicht, am Hals, an den Armen. Nicht immer sind Aknen, Gürtelrose, Psoriasis, Pusteln oder rote Flecken psychischer Herkunft; nicht immer drückt sich in ihnen die Organsprache aus. Aber oft.

Ein junger Mann leidet unter Kopfschmerzen, Erschöpfungszuständen, Rückenschmerzen, gelegentlichen Asthmaanfällen und Versagensängsten. Verstopfung und Durchfall wechseln bei ihm ab. Zuletzt stellte sein Arzt eine Nierenfunktionsschwäche fest, vermutlich, weil er zu wenig trinkt. Dieser Student ist ein klassischer Fall für eine sogenannte somatisierte Depression, das heißt der Körper (soma) protestiert auf seine Weise gegen die falsche Lebensweise seines »Inhabers«, gegen die Überforderung als Begleiterscheinung einer versteckten Versagensangst.

Er bezeichnete sich selbst als einen gläubigen Menschen, ist aber von Selbstwertzweifeln gepackt, die er durch den Hang zu Bestleistungen kompensiert. Dennoch bekommt er das Gefühl der Mittelmäßigkeit nicht weg. Er hat mehrfach Studien und Jobs abgebrochen und kam sich vor wie eine Ziege, die unentschlossen vor mehreren Grashaufen steht und verhungert. Als Kind ehrgeiziger Eltern war er stets auf Anerkennung durch Erfolg getrimmt worden. Seine ungeduldige Mutter, die es nur gut meinte, raubte ihm durch ihre Überfürsorge und Ängstlichkeit den Atem. Asthma stellte sich ein, der symbolische Protestschrei: Laß mich in Ruhe. Du verschlägst mir den Atem. Deine Liebe erstickt mich noch.

Die hohen Erwartungshaltungen lasteten auf ihm wie eine schwere Bürde (Rückenschmerzen); die Angst, durchzufallen, gleichzeitig aber am Leistungsprinzip festhalten zu müssen, irritierten den Verdauungstrakt (Durchfall, Verstopfung). Er konnte nicht loslassen. Schließlich ging ihm die Angst, dem Leben nicht gewachsen zu sein, an die Nerven, dem organsprachlichen Sitz der emotionalen Leistung, während das Zentrum der intellektuellen Leistung, der Kopf, ebenfalls protestierte. Der gesamte Organismus wehrte sich gegen dies verkehrte Denken und Handeln. Instinktiv wußte Michael um die wahre Bedeutung seiner »vegetativen Dystonie«, seines »burn-out-Syndroms«, seiner »somatisierten Depression«, wie bislang alle Diagnosen lauteten.

Wir sollten den von Gott so genial ausgestatteten Körper liebevoller behandeln und seine Sprache besser verstehen lernen.

»Höre, was ich, dein Körper, verschlüsselt dir mitteilen möchte! Weil du nicht gelernt hast, in fairer und offener Weise deine Aggressionen zu artikulieren und deine Enttäuschungen zu sagen, lasse ich deine Zähne während des Schlafs knirschen. Lerne also, deine Zähne zu zeigen! Weil du ständig Ärger herunterschluckst und den Braven spielst, ist dein Magen sauer; und weil du deine wahren Bedürfnisse nicht preisgibst, leidest du unter Verstopfung und Gefäßverengungen. Hör bitte auf mit diesem Theaterspiel, das du auch noch für christliche Demut hältst oder gar für die biblische Selbstverleugnung. Dein Versteckspiel mache ich nicht mit. Wer zwingt dich denn, ständig deinen Frust herunterzuschlucken und dich vom Partner oder vom Chef anschreien zu lassen? Weshalb sagst du nicht in Ruhe und Fairneß deine wahren Gefühle?

Warum benimmst du dich wie ein Opfer und gehst mit dir selber so schlecht um? Weißt du denn nicht, was dein Kloßgefühl im Hals bedeutet? Was die chronisch verschnupfte Nase dir sagen will? Du hast doch schon lange die Nase voll! Wovon? Nun sag es doch endlich und tu was! Ich bin nicht bereit, deine Verdrängungen weiter schadlos hinzunehmen. Denn Gott, der Schöpfer alles Guten, spricht: ›Wenn dir jemand Unrecht tut, stell ihn zur

Rede! Tut es ihm leid, vergib ihm!‹ Und weiter sagt er: ›In aller Demut ehre auch dich selbst und gib das Recht dir, das dir zusteht!‹ Warum also gehst du mit dir und deinen Mitmenschen so unehrlich um?

Wenn du nicht im Vertrauen auf Gott und die Gaben, die er dir schenkte, dein Leben dankbarer lebst, wie willst du mit deinem Leib eine Einheit sein? Warum bist du so halsstarrig? Weshalb steht dir das Wasser schon bis zum Hals? Ich will es dir sagen: Weil du dir in deinem übertriebenen Ehrgeiz zuviel aufhalst. Du bekommst deinen Hals nicht voll genug, ist es nicht so? Und wenn du deinen Ärger künftig aussprichst oder Gott anvertraust, wird deine Galle nicht mehr überlaufen. Manchmal protestiere ich auch gegen deine ungesunde Lebensweise, gegen deine falsche Ernährung, dein falsches Denken. Sei künftig ein bißchen liebevoller zu mir, deinem Körper!«

Es gibt keine sinnlosen Erkrankungen des Organismus. Fieber ist beispielsweise eine ganz gesunde Reaktion auf eine ungesunde Situation. Seelische Faktoren sind niemals gänzlich ausgeklammert. Manche Störungen möchten uns vielleicht mitteilen, daß wir umkehren sollten. Was kränkt, macht krank. Auch die Kränkungen, die wir anderen zufügen, können uns selber treffen.

Da ist eine Frau, die seit vielen Jahren schon ihre kranke, bettlägerige Mutter pflegt. Angesichts ihrer eigenen schwachen Konstitution und ihrer fünfköpfigen Familie fühlt sie sich überfordert, scheut sich aber, ihre alte Mutter in ein Altenpflegeheim zu bringen. Was könnten die Leute von ihr denken, wenn sie das täte!? Die alte Mutter hingegen weiß genau, wie sie vom Krankenlager aus die ganze Familie beherrschen kann. Sobald ihre Tochter Anstalten macht, aus dem Haus zu gehen, bringt sie stets neue Gründe vor, um sie im Haus zu halten. Ringt sich die Tochter dennoch zum Verlassen des Hauses durch, kann sie sicher sein, daß sie bei ihrer Rückkehr eine jammernde, halb sterbende Frau vorfindet. Ob sie einkaufen war, den Friseur aufsuchte oder zum Arzt ging, bleibt gleich. Der

Ehemann, der nicht gewillt ist, dem Zerfall zweier Frauen zuzuschauen, aber mit seinen Bedürfnissen nicht ankommt, verschlüsselt seinen Ärger mit gelegentlichen Herzattacken. Das nährt die Angst der Frau und der Kinder und schürt zugleich die Wut gegen die Oma. Hier entsteht eine Beziehungsfalle: Was immer die Familie nun entscheidet, ist falsch. Bleibt die Oma im Haus, häufen sich die Spannungen und die psychosomatischen Erkrankungen. Geben sie sie ins Pflegeheim, entstehen Schuldgefühle und neue Ängste. In dieser Falle sind alle wie gelähmt und verschleiern ihre wirklichen Bedürfnisse mit Herzattacken, Schlafstörungen, Magenschleimhautentzündung und anderem mehr. Außerdem fällt auf, daß eines der Kinder wieder einnäßt. Der Mann ist eifersüchtig, weil sich seine Frau zuviel der Oma zuwendet; die Frau ist vom Helfersyndrom befallen und gestattet sich kaum noch ein privates Leben; die Oma wehrt ihre Verlustangst mit allerlei erpresserischen Wehwehchen ab. Die Familie gilt in der Gemeinde als vorbildlich; das erhöht noch die Angst um den Imageverlust im Fall der Bekanntmachung der tatsächlichen Wünsche. So spielen alle ihre Rollen und leiden vor sich hin. Mit christlichem Lebensmut hat dies wenig zu tun. Es muß noch erwähnt werden, daß die Ehefrau eine Schwester hat, die aber nicht bereit ist, die Pflegearbeit für ihre Mutter teilweise zu übernehmen.

Eine solche oder ähnlich belastende Situation findet man häufig vor. Wie ist hier vorzugehen? Auf keinen Fall dürfen Erpressungen berücksichtigt werden, selbst wenn sich Schuldgefühle einstellen; denn diese Schuldgefühle sind unechter Art, also funktional. Sie funktionieren im Sinn der Oma: Ständige Rücksichtnahme, weil das Gewissen pocht. Wenn sich niemand findet, der bei der Pflege mithilft, und wenn die Oma durch kein Argument zur Umsiedlung zu überzeugen ist, sind die Sozialeinrichtungen gefordert.

Gelegentlich lerne ich Menschen kennen, die das Erstaunliche vollbringen und bei noch größeren Belastungen kranken Familienmitgliedern beistehen. Die Bedingungen dafür scheinen allen Möglichkeiten zu spotten, und dennoch geht es. Diese Menschen schöpfen ihre Kraft ausschließlich aus ihrem Glauben, aus dem Gebet und der Gewißheit, daß sie Gott selber im »geringsten der Mitmenschen« vor sich haben. Ich habe keine andere Erklärung als diese. Und seltsam: Diese Menschen mögen zwar infolge der körperlichen Anstrengungen (Bücken, Heben schwerer Gegenstände...) selber krank geworden sein, aber echte psychosomatische Störungen habe ich dort nicht vorgefunden. Es gibt also einen Weg zwischen Verdrängung und Protest. Das ist die Annahme des Schmerzes im Glauben. Nur sie allein vermag vor der (Selbst)Zerstörung zu retten, wenn alles andere nicht mehr hilft. Kennzeichen solcher Menschen sind die ständige Sehnsucht nach dem Gebet, das Bewußtsein der Gegenwart Gottes und das Vertrauen, daß es letztlich Gott selber ist, der das Unmögliche möglich macht.

Verräterische Fehlleistungen

Die folgenden Erkenntnisse der Tiefenpsychologie verdanken wir Freud. Er stellte nämlich fest, daß wir manchmal unbewußt und ungewollt die Wahrheit preisgeben, vor allem dann, wenn wir sie besonders heftig verbergen wollen. So verplappern wir uns auf einmal und verraten Dinge, die uns peinlich sind; oder wir schreiben und lesen Worte, die gar nicht da stehen, jedoch mit unseren augenblicklichen Gedanken, geheimen Wünschen oder Ängsten zu tun haben. Mir ist einmal ein Versprecher unterlaufen, der bei einem Patienten heiteres Gelächter auslöste. Ein junger Mann kam in meine Praxis, der sich wegen Examensängsten behandeln lassen wollte. Es war gerade seine vierte Sitzung, in der ich mit ihm das Autogene Training übte. Mir ging aber eine Dame nicht aus dem Kopf, die unmittelbar vorher bei mir war und über ihre Schmerzen beim ehelichen Verkehr klagte. Noch darüber nachdenkend, wie ich mit ihr künftig therapeutisch verfahren wollte, um die Dyspareunie (Orgasmuskrampf) zu heilen, hörte ich mich zum Patienten sagen: »Sie sind ganz entspannt. Ihr Orgasmus erholt sich jetzt.« Natürlich wollte ich »Organismus« sagen.

Wer kennt nicht aus eigener Erfahrung seine Vergeßlichkeit bezüglich unangenehmer Termine beim Arzt oder bei Behörden? Dies alles muß nicht jedesmal eine tieferliegende Bedeutung haben. Manchmal aber macht uns eine solche Fehlleistung verlegen, vor allem, wenn wir »versehentlich« die ersten, zu früh kommenden und nicht gerade beliebten Gäste, die wir aus geschäftlichen Gründen eingeladen haben, mit den Worten begrüßen: »Schade, daß Sie schon da sind!« Da kann die nachfolgende Korrektur »schön, daß Sie schon da sind« die Lage kaum noch retten. Man könnte angesichts derartiger Offenbarungen sagen: Höre, was ich *nicht* sagen wollte, aber dachte!

Hier ein Beispiel für die Verkettung verschiedener Fehlleistungen, die einer Bekannten von mir passiert ist: Sie lud einige Gäste zum Essen ein. Selbstverständlich wollte sie nach dem Essen ihren Lieblingskuchen vorsetzen, eine Kirschtorte besonderer Art. Sie servierte ihn viel zu früh, nämlich zwischen dem Hauptgang und dem Dessert. Als sie den Irrtum bemerkte, entschloß sie sich dennoch, den Kuchen nun auf dem Tisch stehen zu lassen. Dann aber räumte sie mit den Desserttellern auch ihre Lieblingstorte wieder ab und brachte alles in die Küche. Auf den Irrtum aufmerksam gemacht, entschuldigte sie sich bei den Gästen, servierte von neuem die Torte, hielt sich aber beim Verzehr sehr zurück, was mich verwunderte. Als ich nach dem Grund ihrer Zurückhaltung fragte, gab sie zur Antwort: »Ich habe genug, ich bin platt, äh satt.« Ob die laut lachenden Gäste bemerkt haben, was sich in ihrem Unterbewußtsein abgespielt hat? In ihrer Ungeduld und Vorfreude servierte sie die Torte zu früh; dann aber nahm sie sie wieder mit, weil sie ständig mit ihren Gedanken beim Kuchen war. Ja, am liebsten hätte sie schon längst in der Küche etwas naschen wollen. Schließlich merkte sie ihren Irrtum, aß aber zur Überraschung aller nichts mehr davon. Sie wollte diesen Vorfall, der ihr peinlich war, einschließlich des möglichen Verdachts auf eine geheime Naschhaftigkeit durch demonstrativen Verzicht kompensieren. Außerdem ging ihr diese verflixte Kuchen*platte*, die ihr beinahe aus der Hand gerutscht wäre, nicht mehr aus dem Kopf, was sich zuguterletzt im Versprecher »ich bin *platt*« äußerte. Daß sie tatsächlich »genug hatte« von diesem Vorfall, verbalisierte sie deutlich.

Professor Igor Caruso, ein sehr beliebter Universitätsprofessor und weltberühmter Schüler Freuds, den ich zu meiner Studentenzeit in Salzburg erleben durfte, leistete sich einmal einen klassischen Versprecher. Er begann seine Vorlesung mit den Worten: »Verehrte Kolleginnen und Kollegen, ich beschließe die heutige Vorlesung über

34

die Bedeutung des Schlüsselreizes...« Durch das schallende Gelächter auf seinen Irrtum aufmerksam gemacht, korrigierte er sich: »Natürlich *beginne* ich die Vorlesung, obgleich ich ehrlich gestehen muß, daß ich ihr Ende kaum erwarten kann. Es liegt noch ein eiliger Brief auf meinem Schreibtisch, der heute noch abgeschlossen werden muß.« Und abermals brach die Hörerschaft in Gelächter aus. War es nun der Brief oder der Schreibtisch, der abgeschlossen werden muß? War es das Wort ›*Schlüsselreiz*‹ oder der abzu*schließende* Brief, der seine Vorlesung be*schließen* wollte? Nein, es war, wie er selber erklärte, sein unbewußter Wunsch auf ein möglichst rasches Ende dieser Vorlesung.

Ständig verlege ich meine Lesebrille, vertue mich regelmäßig bei bestimmten Terminen, vergesse die letztmögliche Eingabefrist beim Finanzamt. Das hat gewiß Bedeutung. Ich mag meine Lesebrille nicht; sie juckt auf der Nase, ist mir hinderlich. Die Termine sind mir ebenfalls lästig, weil ich sie für überflüssig und zeitraubend halte; ich bin aber an ihrer Teilnahme verpflichtet. Meine Verspätungen und Versäumnisse sind also sehr deutliche Zeichen eines unterschwelligen Protestes. Schließlich sind mir alle Behördengänge zuwider, natürlich auch alles, was mit dem Finanzamt zu tun hat, muß ich doch eher zahlen als empfangen.

Gewiß ist nicht alles den Fehlleistungen zuzuordnen, was danach aussieht. Einer meiner Schüler machte im Diktat eine unfreiwillige Werbung für eine Ladenkette: »Benutzt Aldi Gaben, die Gott euch schenkte!« Gemeint war: »Benutzt all die Gaben, die Gott euch schenkte!« Er war als Kroate der deutschen Sprache nicht so mächtig, kannte aber von seinen Einkäufen her diese Ladenkette.

So manches Verbrechen wird aufgedeckt durch verräterische Fehlhandlungen des Täters, wozu auch die Preisgabe von Geheimnissen im Traum zählt. Was einen sehr beschäftigt und was einer um jeden Preis geheimhalten möchte, weil es ihm peinlich ist, will nach außen drängen nach dem Motto: Was nicht gesprochen wird, kann nicht erkannt und geheilt werden. Höre, was ich nicht sagen will, aber durch meine Verdrängungsmechanismen verrate. Indem ich mich verspreche, verschreibe und verlese, indem ich Dinge verlege, vergesse und übersehe, will ich andeuten, wie wichtig oder peinlich sie mir sind.

Ein psychisch gestörter Mann schrieb mir einen Brief aus der Untersuchungshaft, in die er aufgrund betrügerischer Manipulationen geriet. Auffallend an seinen Briefen war die sehr schwankende Buchstaben- und Zeilenführung, ebenso die Verstrickung bestimmter Buchstaben, die in die nächste Zeile rutschten. Abgesehen von diesen aus graphologischer Sicht sehr aufschlußreichen Verschlüsselungen, fiel mir das Wort ›Nerven‹ auf, das dreimal verschieden falsch geschrieben wurde. »Ich bin n*rev*lich am Ende«, »meine N*ev*en machen nicht mehr mit« und »ich brauche einen Ner*vn*arzt.« Dies ließ in der Tat auf eine vorhandene nervliche Störung schließen, besser gesagt, auf eine seelische Erkrankung. Aber viele setzen ja diese beiden Begriffe fälschlicherweise gleich. Seine seelische Zerrüttung manifestierte sich just in dem Wort, das er für bedeutsam hielt: Nerven. Ansonsten lag nicht ein einziger Rechtschreibfehler vor.

Krankhaft bedingte Fehlleistungen, bei Psychosen zum Beispiel, lassen erkennen, welche verdrängten und nun aufbrechenden Ängste im Spiel sind. Wer ständig Gestalten sieht, Stimmen hört, sich verfolgt fühlt, irrt sich objektiv, nicht aber subjektiv. Er hat eine tatsächliche Not, die er nicht mehr anders auszudrücken vermag. Seine interne Angst vor dem Leben, vor der Sünde, vor dem Versagen usw. wird nach außen verlagert und präsentiert sich nun als vieldeutige Bedrohung. Er sieht dann nicht mehr die Selbstablehnung, sondern die Verfolgung durch unsichtbare Wesen. Ein Psychotiker beharrte darauf, festzustellen, daß eine Stimme, die sein Tun stets kommentiert, immer wieder »Fort mit dir« sagte, aber »ganz sicher Mord mit dir« meinte. Die Vermutung liegt nahe, daß der Patient Selbsttötungsabsichten hegte, die er zugleich abwehren wollte. In diesem ständigen Spannungsfeld entledigte er sich dieser peinlichen Gedanken durch projizierte Versprecher.

Und sie erkannten, daß sie nackt waren

Nach dem Sündenfall haben Adam und Eva sich aus Feigenblättern einen Schurz geflochten, um ihre Blöße zu bedecken (1 Mos 3,7). Sie schämten sich, plötzlich bloßgestellt zu sein, d. h. sie erkannten ihr Versagen. Gott selber tritt nun in das Geschehen ein, nicht um sie zu verurteilen, sondern um sie eigenhändig mit Kleidern aus Fellen zu versorgen und sie so noch besser vor der Nacktheit zu schützen (1 Mos 3,21). Die Menschen sollten nicht hüllen- und schutzlos einander ausgeliefert sein. Dann kam die Zeit Jesu und mit ihr der neue Adam, der sich angreifbar machte und sich nackt seinen Spöttern auslieferte. Paulus teilte den künftigen Generationen mit, sie mögen den alten Menschen ablegen und den neuen Menschen anziehen (Kol 3,9). Sein Kleid möge der »Panzer der Gerechtigkeit sein« (Eph 6,14). Die Heilige Schrift weiß also um die Notwendigkeit eines Schutzes und um die Tatsache, daß wir Menschen stets angreifbar sind; doch empfiehlt sie das Kleid, das Gott uns selber gibt.

Wer bereit ist, seine Maske abzulegen, muß sich darüber im klaren sein, daß er erst einmal nackt dasteht. Davor haben viele verständlicherweise Angst. Ganz Raffinierte legen sich denn auch mehrere Masken auf, so daß sie nach der ersten Demaskierung immer noch nicht diejenigen sind, für die sie nun gehalten werden. Es ist schon seltsam: Während der närrischen Faschingstage sieht man so manchen Narren in einer Maske, die sein wahres Wesen zeigt. Die restlichen Tage des Jahres ist er tatsächlich verkleidet, nur unsichtbar. Tatsächlich kann man auf Maskenbällen hervorragende Studien betreiben über die wirklichen Rollen eines Menschen.

Es gibt Leute, die mögen es, andere zum Narren zu halten, die sie selber sind. Beobachten Sie einmal, wie entspannt und heiter Besucher eines Kabaretts reagieren angesichts des Spiegels, der ihnen vorgehalten wird. Gemeinsam und im bezahlten Rahmen einer professionellen Eulenspiegelei lassen sich die ungeschminkten Wahrheiten besser ertragen. Außerdem ist jeder froh, nicht selbst Opfer der Satire zu sein. Er kann sich schadlos halten an der Bloßstellung anderer, die er als Sündenbock in die Wüste schickt.

»Ich war nackt, und du hast mich nicht bekleidet«, lautet ein bekanntes Wort Jesu. Unsere Christenpflicht ist es also, Menschen, die bloßgestellt wurden, zu schützen und ihre Würde zu wahren. Bloßstellen ist etwas anderes als lediglich die Wahrheit sagen oder eine Kritik äußern. Es kommt darauf an, wie einer es sagt, warum und unter welchen Umständen. Jemanden »bekleiden« meint, ihn nicht einer eisigen Atmosphäre auszusetzen; es kann auch darin bestehen, das negative Verhalten oder Reden eines Menschen zu »retten«. Gemeint ist jene Fähigkeit, die es auch noch unter schwersten Bedingungen fertigbringt, einem negativen Tun etwas Positives abzugewinnen. Ziel ist es, demjenigen noch ein Minimum an Schutz zu verschaffen, der sich in einer emotionalen Aufwallung zu scharf äußerte oder am Rand einer Blamage steht. Ich nahm einmal einen arbeitslosen, jungen Mann im Auto mit, der in eisiger Kälte an der Autobahnauffahrt stand. Er hatte getrunken und roch entsprechend. Das war ihm sehr peinlich. Ich sagte, daß es bei dieser Kälte doch verständlich sei, sich mit ein paar Glas Bier aufzuwärmen. Dafür brauche er sich nicht zu entschuldigen. Diese Bemerkung tat ihm gut. Er fühlte sich nun nicht mehr blamiert, sondern »gerettet«. Ich kannte den wirklichen Grund für seine Alkoholfahne nicht; aber es schien mir sinnvoller, ihm einen Grund anzubieten, mit dem er sein Gesicht wahren konnte.

Ich bin einmal von einem Schuldirektor vor dem gesamten Lehrerkollegium getadelt worden. Der Tadel war mehr eine Demütigung, die mir keinerlei Möglichkeit zur Verteidigung ließ. So stand ich als der Blamierte und Bloßgestellte da. Schließlich begann ein Kollege mich zu verteidigen; da er die wahren Sachverhalte nicht kennen konnte, suchte er nach möglichen Erklärungen für mein getadeltes Verhalten. Ich spürte, wie er es gut meinte und mein Image retten wollte. Er praktizierte die sogenannte Goldwäschermethode, die darin besteht, auch im trübsten Gewässer noch Goldstaub zu finden. Ich fühlte mich nackt, und er hat mich bekleidet. Das hat sogar das Verhalten des Direktors nachhaltig verändert.

Wir beurteilen sehr rasch unsere Mitmenschen nach ihrem Aussehen und äußerem Gebaren, das heißt wir lassen uns täuschen durch das Erscheinungsbild. So machen wir einer älteren Dame Komplimente wegen ihres jugendlichen Aussehens, ohne zu wissen, daß dieses jugendliche Aussehen in dem einen oder anderen Fall Ausdruck einer verweigerten Reifung sein kann. Oder wir bezeichnen eine Person als witzig, weil sie in Gesellschaft ständig die neuesten Witze erzählt, obgleich sie in Wahrheit alles andere als lustig ist; sie kaschiert mit ihrer Rolle als Clown tiefliegende Depressionen und Selbstwertstörungen. Dann wieder halten wir jemanden für eigensinnig und kontaktarm, während er in Wahrheit sehr gern kommunizieren würde, wenn da nicht die furchtbaren Ängste vor Blamagen wären. Wie rasch fügen wir Unrecht zu durch fertige Urteile, voreilige Deutungen und Fehleinschätzungen, auch dadurch, daß wir mitunter von uns selbst auf die anderen schließen, ihnen also jene Motive und Gefühle unterstellen, die wir selber haben (aber nicht wahrhaben wollen). Die Heilige Schrift mahnt uns zu einem liebevollen Aufdecken falscher Denk- und Lebensgewohnheiten, dem ein verzeihendes Zudecken folgen soll. Wir werden uns kaum ändern, wenn man uns die Masken gefühllos vom Gesicht herunterreißt, selbst wenn es gut gemeint war. Über der Wahrheit steht immer noch die Klugheit. Und über ihr steht die Liebe. »Sie ist geduldig, gütig, ereifert sich nicht, spielt sich nicht auf, trägt nicht nach…« schreibt Paulus im 1. Brief an die Korinther (Kap 13,4 ff).

Wenn ich nun im folgenden einige menschliche Schwächen analysiere, so soll dies zum besseren Verstehen dienen. Etwas erklären heißt noch nicht es entschuldigen. Ich tue dies, um Hilfen zur besseren Selbsterkenntnis und zum versöhnlichen Umgang miteinander zu geben. Da wir uns fast überall wiederfinden, haben wir keinen Grund, uns besser zu dünken oder Mitmenschen vorschnell für »neurotisch« zu erklären. Diese Etikette wird ohnedies zu häufig mißbraucht. Wichtig ist es, zum Herzen dieser Menschen vorzudringen und ihnen mit Liebe zu begegnen.

Neid

Der Neid besitzt einen schlechten Ruf. Deshalb will kaum einer Neidgefühle zugeben. Dabei ist nichts so begehrenswert, wie es zu sein scheint, so lange wir es noch nicht haben. Die Verdrängung aber macht es unmöglich, dieses weitverbreitete und keineswegs immer schlechte Hinschielen auf den anderen als hilfreiches Signal zu deuten: Vorsicht, dein Denken über dich selbst hat einen Defekt. Du hältst dich für weniger wertvoll als den anderen. Doch du hast es nicht nötig, andere zu kopieren, ihnen Erfolg oder Aussehen zu mißgönnen; denn du bist ebenso liebens- und lebenswert.

Schon Kleinkinder kennen das Neidgefühl ihren Geschwistern gegenüber, wenn sie im Kampf um die Zuneigung der Eltern meinen, den Kürzeren zu ziehen. Zieht sich das Empfinden der Unterlegenheit und Hilflosigkeit über Jahre hin, kann sich ein Minderwertigkeitsgefühl entwickeln, das später durch schulisches Versagen verstärkt wird. Schulisches Versagen wiederum ist nicht selten die Folge von Resignation: »Das schaffe ich ja sowieso nicht. Die anderen sind begabter als ich. Da komme ich gar nicht gegen an.« Andere hingegen werden aus demselben Neid heraus zu höheren Leistungen angetrieben, um den erlittenen Mangel durch gute Noten kompensieren zu können.

Der Neid kann also auch zum Ansporn werden, sich mehr anzustrengen, Fähigkeiten zu entwickeln und mehr aus sich herauszuholen. Das muß keineswegs immer im Machtstreben und Habenwollen enden. Es gibt eine konstruktive Form der Konfliktbewältigung, die darin liegt, daß einer nach Bewußtmachung seiner Neidgefühle das Bild von sich selbst hinterfragt und eigenes Potential an Fähigkeiten mobilisiert. Hat er nichts anzubieten, weil er nach dem weltlichen Denkschema häßlich, behindert, krank, arm oder leistungsunfähig ist, bleibt ihm nur noch die Möglichkeit, sein Dasein als von Gott zugemutet zu begreifen. Er ist immer der gottgewollte, gottbegabte und geliebte Mensch, der mindestens *ein* Talent bekommen hat, nämlich das Talent fürs Himmelreich. Ihm fällt mehr als anderen die Aufgabe zu, mit seinen Begrenzungen so umzugehen, daß die anderen ihn um seine freundliche Ausstrahlung, gläubige Haltung und Fähigkeit des Annehmens beneiden. Ich kenne einige in der Welt zu kurz Gekommene, die von liebenswerterer Art sind, als diejenigen, die viel vom Leben haben. Da stellt sich jedesmal die Frage: Wer hat denn nun das Leben in Fülle, von dem Jesus spricht?

Neid spielt meist eine sehr unbewußte Rolle. Er drückt sich eher verschlüsselt aus. So wird jemand zum Beispiel im Ton der aufrichtigen Entrüstung fragen, weshalb der Nachbar sich jetzt schon wieder einen neuen und teuren Wagen zulegt. Er hat doch vor kurzem erst einen gekauft, und wozu braucht er einen so sündhaft teuren Wagen, wo doch die Umwelt im argen liegt. Er wird vielleicht noch die Nachteile des Wagens aufzählen und so seine Mißgunst gegen die eigene verhinderte »Selbstverwirklichung« auf diesen Nachbarn projizieren.

Jeder destruktive Neid zeugt von einem Reifungsmangel. Im Märchen »Schneewittchen« erblaßt die Königin vor Neid, als der Spiegel auf die Frage nach der Schönsten im Land antwortet: »Ihr, Frau Königin, seid die Schönste hier, aber Schneewittchen hinter den sieben Bergen bei den sieben Zwergen ist noch tausendmal schöner als Ihr.« Das war das Todesurteil für Schneewittchen.

Wenn auch die meisten Neider in dieser Welt ihren Opfern nicht gerade den vergifteten Apfel reichen, so können sie doch in sehr verschlüsselter Weise seelischen oder materiellen Schaden anrichten. Ich nenne dies das Gustav-Gans-Syndrom, benannt nach der ewig neidischen Komikfigur Walt Disneys.

Wenn einer vor lauter Mißgunst seine eigenen Vorzüge und Qualitäten abwertet, ist er schnell geneigt, das Objekt seiner quälenden Gefühle zu erniedrigen, abzuwerten oder zu verleumden. Bekanntlich sind Intrigen und Sabotagen am Arbeitsplatz häufig Formen von Kollegenneid. Wer anderen deren (meist vermeintliche) sexuelle Potenz nicht gönnt, also den berühmten Penisneid hat, wie Freud es formulierte, wird ihnen möglicherweise allerlei unmoralische Geschichten unterstellen oder sich selber als den Potenteren erweisen wollen. Hier sind die sogenannten Montagslügen einzuordnen, die von umwerfenden erotischen Wochenenderlebnissen berichten. Man möchte Neid erwecken, um sich endlich einmal als Erfolgreicher und vom Leben Bevorzugter zu erleben.

Immer wieder liest man vom Neid des »schwachen Geschlechts« auf die Männer. Ich halte aber Freuds

Theorie vom Penisneid für zu schwach und zu einseitig, wenn er behauptet, die Frauen fühlten sich schon deswegen minderwertig, weil sie keinen Penis haben. Eher dürfte wohl die soziale Minderbewertung der Frau in einer vorwiegend patriarchal geprägten Welt Neidursache sein. Auch wenn mehr Mädchen Buben sein möchten als umgekehrt, gibt es auch den Neid der Männer auf die Frauen. Woher kommt die Sucht nach dem Besitzenwollen der Frau? Wie ist dieser Männlichkeitswahn einzuordnen, der ständig Stärke, Macht und Be-*Herr*-schung der sanften Gefühle fordert? Liegt hier nicht ein unbewußter Neid auf die Fähigkeit der Frau vor, zu ihren Emotionen zu stehen, intuitiver vorzugehen und tiefer zu fühlen? Zu oft erlebe ich es, wie gerade die »männlichen«, das heißt die schwachen Männer, emotionales Verhalten ihrer Frauen als hysterisch abtun.

Der Neid verführt zum Habenwollen. Diese Erkenntnis hat sich die Werbepsychologie zunutze gemacht. Um an das Geld der Kunden zu kommen, suggeriert man ihnen Knappheit der Ware ein: »Rufen Sie noch heute an! Es könnte morgen schon Ihr Nachbar haben!« – »Die neue Mode für die modebewußte Frau. Die Kollektion für den besseren Geschmack. Limitiert« – »Sonderpreis. Greifen Sie zu, solange der Vorrat reicht!« usw. Die Angst um die verpatzte Chance macht das Geld locker. Die Anschaffung von unnützem, oft teurem Tand, aber auch von protzigen Objekten, vor allem aber der stete Konsumzwang im Kleinen, entspringt einem tiefliegenden Mangel an Erfüllung und Lebenssinn.

Wo Beziehungen nicht mehr gelingen, wo eine ungesunde Konkurrenzangst schon Schüler zur Ellbogentaktik verführt, wo nur noch Superlative Geltung haben und Verheißungen eines allgütigen Gottes für billige Jenseitsvertröstungen einer altmodischen Kirche gehalten werden, wo Frustrationen von keiner positiven Sinngebung umgedeutet werden können, bleibt für den Durchschnittsverdiener das hektische Suchen nach dem

Schnäppchen in der Fußgängerzone oder per Versand-
hauskatalog. Wenn ich schon nichts bin, dann will ich wenigstens was haben.

Mancher versteckt seinen Neid hinter einer weiner-
lichen, depressiven Fassade. Die Haltung des »mir geht es
immer nur schlecht, dir geht es immer nur gut« will eher
beim Beneideten Verluste suchen als die Verbesserung der
eigenen Situation. Ich sagte bereits, daß Neid auch die
Chance in sich birgt, an sich und seiner Fehleinschätzung
zu arbeiten. Statt also das Glück eines anderen zu verhindern oder immer eine Nasenlänge voraus sein zu müssen,
kann ich herausfinden, wo meine ungenutzten Talente liegen. Der Erfolg anderer kann mich dazu antreiben, meine
eigenen Chancen zu entdecken.

Eigenartigerweise gibt es auch einen Neid auf die Bösen
dieser Welt, auf jene Menschen, die sich mit List, Tücke
und Gewalt eine gewisse Machtstellung aneignen, vor allem, wenn die Bestrafung ausbleibt. Der Neid auf die Auserwählten, aber auch auf die Gottlosen, denen es gut geht,
zieht sich als Thema durch die gesamte Bibel. Die Brüder
Josefs wurden neidisch, als sie vernahmen, wie Josef in
Traumgeschichten seine Auserwählung erfuhr (Gene-
sis 37,11). Im Psalm 37 bittet David den Leser, sich nicht
neidvoll über Unheilstifter aufzuregen, auch wenn es denen gut geht; denn sie werden mit Gewißheit beizeiten zur
Rechenschaft gezogen. Im Neuen Testament ist der Neid
vornehmlich auf die Person Jesu bezogen. Pilatus wußte,
daß man diesen Mann aus reinem Neid auslieferte
(Matth 27,18). Und die Juden blicken voller Neid auf den
Menschenandrang, den Jesus verursachte. Hier ist erstmals vom geistlichen Neid die Rede, von jener invidia
clericalis, die auch heute noch so mancher sich ehrlich ab-
mühender Priester verspürt angesichts der scheinbar größeren Erfolge seiner Mitbrüder. Philippus berichtet sogar
von Christen, die aus Neid die Botschaft Jesu verkünden;
diese »wollen mir in meiner Gefangenschaft Kummer be-
reiten.« (Phil 1,15–17)

Wir sehen, Neidgefühle beruhen auf einem Mangel an Zuwendung, auf einem ständigen Vergleichen mit anderen, auf einer mißglückten Selbstverwirklichung. Ich rate den Betroffenen, sich erst einem mit *dem* Teil der Menschenheit zu vergleichen, der viel schlechter abgeschnitten hat: die Armen und Kranken, die von Elend und Not Gezeichneten. Es ist heilsam, dankbar zu werden angesichts der eigenen besseren Situation und angesichts der Gaben, die noch geweckt werden müssen. Dann ist der andere vielleicht in materieller Hinsicht wohlhabender, möglicherweise auch körperlich stabiler und seelisch ausgeglichener. Entscheidend aber bleibt das Guthaben des Gut*seins*. Mit ihm kann jeder wuchern.

Neidische Menschen spreche ich auf ihre Vorzüge an. Wenn der andere das Gefühl bekommt, tatsächlich ernstgenommen und gefragt zu sein, kann der Neid verblassen. Dann wird auch das Gefühl stärker: Ich habe es nicht mehr nötig, immer etwas haben zu müssen, denn ich *bin*.

Höre, was ich nicht sage.
Ich sage nicht, daß ich neidisch bin,
sondern ich rede negativ über diejenigen,
die etwas sind oder haben, was ich auch
sein oder haben möchte. Ich suche das
Negative bei ihnen, um meine Position zu
heben. Ich gönne ihnen den Erfolg nicht,
weil ich mich nicht selbst annehmen kann.
Statt mich aber immer mit anderen zu
vergleichen, wäre es besser, meine eigenen
Vorzüge zu beachten und kreative Kräfte in
mir zu mobilisieren.

Eifersucht

Eifersucht wird häufig mit Neid verwechselt. Im Unterschied zum Neid, der immer auf einer Zweierbeziehung basiert, setzt Eifersucht ein Dreiecksverhältnis voraus: Jemand liebt eine bestimmte Frau, auf die ein anderer ebenfalls ein Auge geworfen hat. Es kommt zur Rivalität zwischen den beiden Männern. Das gilt natürlich auch umgekehrt für die Frauen. Eifersucht kann zum schlimmsten Gefühl ausarten, ist nur schwer heilbar und beruht meist auf frühkindlichen Erfahrungen einer starken Bindung an bestimmte Personen. Mit Vernunft ist ihr nicht beizukommen. Wo der Eifersüchtige für den anderen der Nabel der Welt sein will, muß logischerweise panische Angst ausbrechen, sobald der andere diese überhöhten Erwartungen nicht erfüllt. In solchen Momenten rastet nicht selten der verlassen Geglaubte aus, versucht die geliebte Person ihrerseits eifersüchtig zu machen, droht vielleicht mit Selbstmord, kontrolliert, spioniert, verdächtigt und betreibt mühsame, selbstquälerische Spurensicherung, um den Beweis des Betrogenwerdens endlich zu finden. Im schlimmsten Fall kommt es zur Tötung der geliebten Person und des gemeinsamen Kindes. Das Ziel ihrer Aggression ist nicht die Zerstörung, so paradox das klingen mag, sondern die Vereinnahmung des Partners. Eifersüchtige sind rasch beleidigt und gekränkt, laut und verletzend in der Auseinandersetzung. Sie zerstören lieber die eigene Welt, als den Partner an eine andere Person zu verlieren. Nach der Tat, – und dies bestätigen immer wieder die Zeitungsmeldungen –, stellt sich der Täter der Polizei. Er ist also bereit, für seine Tat einzustehen.

Die Angst vor dem Verlust der Exklusivität einer Beziehung kann zu allabendlichen, endlosen Diskussionen führen, in denen der Partner beschworen wird, offen und ehrlich alles zuzugeben. Man werde selbstverständlich verzeihen, bloß keine Täuschung bitte! Schon die kleinsten Unklarheiten, die kürzesten Abwesenheiten und die banalsten Telefonate sind Anlaß genug zu Verdächtigungen. Wie kann auch einer der Liebe sicher sein, der sich selber nicht für liebenswert hält?

Weshalb geht jetzt seine Frau zur Mutter nebenan? Warum und mit wem spricht sie da so ausgelassen und heiter am Telefon? Und wieso bleibt sie so lang schon bei ihrer Freundin? Da mag er noch so wenig ihre Abwesenheit bemerkt haben, (weil er seit vier Stunden im Hobby-keller herumbastelt), diese im nachhinein erfahrene Abwesenheit kann als Zumutung und Qual empfunden werden.

Wenn allerdings eine tatsächliche Fremdbeziehung aufgedeckt wird, sind plötzlich viele nicht imstande, diesen Seitensprung zu verzeihen. Vor allem Frauen tun sich da schwer. Etwas in ihnen ist zerstört worden. Jede intime Berührung durch ihren Partner erinnert sie an diese Wunde. Sogar die sonst als nett und schön empfundenen Gewohnheiten, erzeugen nun Abneigung. Eine solche Krise offenbart die bittere Erkenntnis, daß die bislang geglaubte große Liebe nichts anderes war als eine erotische Faszination, die Belastungen nicht gewachsen ist.

Wer sich selber leiden kann, vermag auch den anderen zu erleiden. Er wird es sich leisten können, liebgewordene Denk- und Verhaltensmuster abzulegen und sich auf Veränderungen einzulassen. Denn die echte Liebe ist zur Versöhnung fähig. Eifersüchtige leben in der ständigen Verführung zur Überaktivität und zu anderen Formen von Ausweichmanövern. Indem sie so die Krisen verhindern wollen, beschwören sie sie herauf.

Manche Psychologen glauben, die Eifersucht wurzele in einer nicht gelungenen Ablösung von früheren Bezugspersonen. Das wird von anderen Psychologen in Frage gestellt. Wenn der Eifersüchtige die geliebte Person für sich behalten will, weshalb kommt es dann aber zur Tötung dieser ersehnten Partnerin? Tötet er mit der geliebten Person nicht auch ein Stück von sich selbst nach dem Motto: Wenn du schon nicht mir gehörst, dann sollst du keinem gehören?

Eifersucht ist ausschließlich auf die zwischenmenschliche Beziehung gerichtet, während sich der Neid auf die Eigenschaften einer Person oder auf Besitzverhältnisse bezieht. Wie Forscher der Universität von Michigan herausfanden, gibt es geschlechtsspezifische Auslöser für eifersüchtige Gefühle. 60 Prozent der männlichen Befragten, aber nur 17 Prozent der weiblichen, gaben zu, es nicht ertragen zu können, wenn ihr Partner mit einem anderen ein *sexuelles* Verhältnis hat. Dagegen konnten 83 Prozent der Frauen es nicht hinnehmen, daß ihr Partner mit einem anderen Menschen eine innige *emotionale* Verbindung eingeht. Dieses Ergebnis wurde durch physiologische Messungen während der Befragungen und phantasierten Vorstellung bestätigt. Männer reagieren mehr auf die sexuelle Untreue, Frauen mehr auf die gefühlsbetonte Beziehung zum anderen. Dies würde wieder einmal mehr bestätigen, daß Männer den Bereich der Sexualität als eine spezifisch männliche Domäne betrachten, in der sie sich unter Leistungsdruck setzen. In der Tat: Als Schlappschwanz bezeichnet zu werden, wäre für sie die größte Demütigung. Eine derartige Bemerkung von Seiten der Frau kann beim Mann Gewalttätigkeit auslösen, sogar Mord.

Frauen, die von ihren Männern in emotionaler Hinsicht gedemütigt, durch ironische oder zynische Bemerkungen verletzt werden, reagieren anders. Sie intrigieren oder suchen nach pragmatischen Lösungen, um ihren Partner auf sie eifersüchtig zu machen; sie setzen mitunter körperliche Reize ein, um den Mann an sich zu binden, oder sie bestrafen ihn durch sexuelle Verweigerung. Ein solches Verhalten kann allerdings das Gegenteil bewirken. Das Fremdgehen des Mannes kann durch derartige Bestrafungen noch verstärkt werden. Nur eine faire, sachliche Aussprache, die nicht so sehr anklagt, sondern die eigenen Wünsche, die Stärken des Partners und die Ursachen der Störung zum Inhalt hat, vermag die Beziehung zu klären. Es gibt nämlich auch eine berechtigte

Eifersucht, wenn der Partner tatsächlich eine andere Beziehung eingegangen ist.

Jeder Mensch hat die natürliche Neigung, zu jemandem gehören zu wollen. Es wäre falsch, jedes Zusammengehörigkeitsgefühl als Besitzdenken zu verstehen, wenngleich die Grenzen schwer zu ziehen sind. Es kommt wesentlich darauf an, wie einer mit seiner Eifersucht umgeht und ob er unterscheiden kann zwischen einer berechtigten und einer eingebildeten Eifersucht. Die eingebildete beruht auf phantasierten Impulsen, die man dem Partner oder der Partnerin unterschiebt: »Ich habe doch gesehen, wie du gestern abend dem Hans schöne Augen gemacht hast. Und dann dieses ständige Herumgetue: Hans hier, Hans da. Da kann mir doch keiner erzählen, zwischen euch wäre nichts!« Wenn nun wirklich nichts vorliegt, wird die so mißverstandene Partnerin vergebens tausend Schwüre schwören, daß alles absolut in Ordnung ist und er keine Angst zu haben brauche. Krankhaft Eifersüchtige sind nämlich immer und auf alle eifersüchtig. Ihre Wünsche nach totaler Verschmelzung mit der Angebeteten sind illusionär und steter Anlaß zu Auseinandersetzungen. Wer so den Partner an sich binden will, verliert ihn. Hier bewahrheitet sich der Satz Jesu vom Leben, das einer verliert, wenn er es zu gewinnen sucht. Jesus spricht von der Sucht nach irdischen Befriedigungen.

Das Argument, die Eifersucht sei lediglich Produkt einer soziokulturellen Erziehung, in anderen Kulturen, bei den Eskimos beispielsweise, gäbe es das nicht, liegt falsch. Daß der Eskimo seine Frau als Gastgeschenk anbietet, ist kein Beweis für fehlende Eifersucht. Denn solange er selber darüber entscheidet, bleibt für ihn die Welt und damit die Beziehung zwischen ihm und seiner Frau in Ordnung. Und von Haremsfrauen wissen wir längst, daß es zwischen ihnen ständig Eifersüchteleien gibt. Der Mensch ist offenbar zur Einehe bestimmt; er ist darauf angelegt, auf Dauer die intimsten Gefühle und Wünsche mit nur einem ganz bestimmten Menschen teilen zu wollen. Erst wenn die Gefühle abgespalten oder erkaltet sind, wenn tiefliegende Störungen der Selbstwerdung vorliegen, kommt es zur sexuellen Promiskuität. Kein wahrhaft Verliebter ist imstande, durch eine zweite intime Beziehung die erste zu betrügen und aufs Spiel zu setzen.

Wer zur Eifersucht neigt und darunter immer wieder zu leiden hatte, wird möglicherweise Strategien entwickeln, dieses Gefühl nicht mehr durchleiden zu müssen. Es kommt zur distanzierten Nähe, zu einer mehr kontrollierten emotionalen Beziehung. Während er selber damit ganz gut zurechtkommt, leidet meist der andere unter dieser Unverfügbarkeit. Beide werden lernen müssen, sich so anzunehmen wie sie sind, auch ambivalente Gefühle zu gestatten. Auseinandersetzungen sind wichtig. Und eine einmal gemachte negative Erfahrung muß nicht ständig wiedergekäut werden oder alles andere in Frage stellen. Wir werden die Eifersucht nicht abschaffen können; wir werden lernen müssen, besser mit ihr umzugehen, das heißt die wahren Motive und Bedürfnisse in einer Beziehung zu hinterfragen.

Ein biblisches Beispiel für Eifersucht findet sich in der Erzählung vom Verlorenen Sohn (Lukas 15,25 ff). Als der Vater dem zurückkehrenden, seit langer Zeit verloren geglaubten Sohn ein Fest bereitet, reagiert dessen Bruder recht heftig. Er fühlt sich zurückgesetzt und wirft dem Vater die vermeintliche Bevorzugung seines Bruders vor. Diese Geschichte benutzt Jesus, um den selbstgerechten Pharisäern klar zu machen, daß Gott sich über jeden bekehrten Menschen freut, und daß es wichtig ist, zwischen Sünde und Sünder zu unterscheiden. Jesus reagiert mit dieser Erzählung auf die Eifersucht der Gesetzesfrommen, denen das sünderfreundliche Verhalten Jesu ein Dorn im Auge war.

In der Apostelgeschichte wird die Eifersucht der obersten Priester und der Sadduzäer im Zusammenhang mit der heilenden Wunderkraft der Apostel erwähnt (5,17 ff). Als sie sahen, wieviel Kranke von weither kamen und allein durch den Schatten des Petrus gesund wurden, ließen sie die Apostel verhaften. Ein Engel Gottes aber befreite sie des Nachts wieder. Manche Übersetzer verwenden das Wort »Neid«. Das wäre meines Erachtens zu wenig; denn die Schriftgelehrten waren in der Tat sehr eifrige Männer, denen bei all ihrer Gesetzesfrömmigkeit auch daran gelegen war, im Mittelpunkt der Aufmerksamkeit zu stehen. Das griechische Wort Zelos, das dort steht, bedeutet Eifer.

Jeder Mensch sehnt sich danach, innig geliebt zu werden. Von seinen frühen Erfahrungen hängt es ab, wie stark seine Verschmelzungsphantasien, die sogenannten symbiotischen Wünsche, sind. Je ausgeprägter und ungebremster sie sind, desto eifersüchtiger ist er. Allein ein ständiges Bewußtmachen seiner Liebeswertigkeit vermag seine Verlustangst in einem erträglichen Maß zu halten. Vor allem muß er sich klar machen, daß in diesem Leben jede Form von Liebe nur vorläufig und fehlerhaft ist. Die vollkommene Erfüllung steht noch aus.

Höre, was ich nicht sage, statt dessen aber verschlüsselt zeige, indem ich hundert Gründe finde, dich an mich zu binden. Ich will dich für mich allein haben, traue dir aber nicht immer. Da ich mich selber nicht für liebenswert halte, glaube ich auch nicht, daß du mich so liebst, wie du immer vorgibst. Ich spioniere nach, kontrolliere, weil ich Angst habe, dich zu verlieren. Ich weiß, daß ich dir auf die Nerven gehe damit. Hilf mir bitte, meine Liebenswürdigkeit zu finden, daß ich dich besser loslassen kann in der Gewißheit deiner Liebe.

Haß

Eines der unbegreiflichsten Phänomene ist die Tatsache, daß sich Menschen, die irgendwann einmal ineinander verliebt waren, seelisch und körperlich bewußt weh tun oder gar töten. Und zu Recht fragt man sich, wie so etwas möglich sein kann. Jeder von uns wird dem Täter gegenüber Verständnis zeigen, wenn dieser von Kindheit an nie Zuwendung und Liebe erfuhr und dann eines Tages aufgrund irgendeiner erlittenen Demütigung ausrastet. Doch erzeugt die Verwandlung eines bislang unauffälligen Menschen in einen kaltblütig berechnenden Sadisten hundert Fragen nach dem Wieso, Woher und Warum.

Wer zum Hasser wird, fühlt sich bedroht. Aus irgendeinem Grund aber kann er die Flucht nicht ergreifen. Die eheliche Bindung beispielsweise, auch Zwangskasernierung mit anderen zusammen (Gefängnis), kann Aggressionen schüren, vor allem bei ständiger Unterdrückung und Mißachtung durch den anderen. Erfolglose Abwehr erzeugt Angst. In dieser Dauerspannung wächst der Haß. Nicht jeder wird nun zum aggressiven Täter. Es hängt davon ab, wie er in früheren Jahren mit seinen Aggressionen und Frustrationen umzugehen gelernt hat. Hatte er Eltern, die bei der Lösung ihrer Probleme aggressive Methoden vorzogen, wurde er selber mißhandelt oder lebte er in einer Gruppe, die Gewalt als Mittel zur Lösung einsetzte, wird er später selber gewalttätig. Denn destruktive Aggression ist keineswegs angeboren. Sie ist vielmehr abgeschaut. Hier müssen sich die Medien erhebliche Vorwürfe gefallen lassen, da sie täglich bis ins Detail aggressive Verhaltensweisen lehren. Der Betrachter bekommt den Eindruck, daß physische Gewalt oftmals eine erfolgversprechende und geeignete Lösung bei zwischenmenschlichen Konflikten zu sein scheint. Untersuchungen an aggressiven Schülern und an erwachsenen Strafgefangenen bestätigen die Miturheberschaft des Fernsehens am zunehmenden Gewaltpotential.

Gewiß gibt es noch andere Gründe für die Entstehung von Haß. Wer Angst hat, von anderen Menschen vereinnahmt oder auch nur materiell ausgebeutet zu werden, und wer darüber hinaus ein sehr schwaches Selbstwertgefühl hat, wird sich Feindbilder aufbauen und seine eigenen, unbewußten Wünsche auf sie projizieren. Der Haß gegen die Ausländer oder Andersfarbige, gegen Andersdenkende oder Minderheiten ist nichts anderes als übertragener Selbsthaß. Man sieht in ihnen Vorteile, die man selber nicht hat, oder befürchtet ihre Nachteile für sich selber. Die Angst etwa vor dem Teilenmüssen der materiellen Güter, vor dem Verzicht und Kürzertreten also, kann dann nur abgefangen werden, indem man die vermeintlichen Ausbeuter zum Teufel jagt, sie zu Sündenböcken der eigenen sozialen Not erklärt und damit zugleich auch seine Schuldgefühle ihnen gegenüber vernichtet. Da Haß stets irrational und Argumenten gegenüber unzugänglich ist, helfen auch keine sachlich geführten Streitgespräche. Gegenargumente würden die Angst noch vergrößern und die Fronten verschärfen. Wem ein reifer Umgang mit Problemen nicht möglich ist, sucht die Schuld im anderen, vor allem im Schwachen. Wo kein Krieg stattfindet, werden künstliche Feindbilder geschaffen.

Untersucht man die Kindheit dieser Menschen, wird man in der Regel plausible Ursachen für jenen Mechanismus finden: Zwänge, Drohungen und autoritäre Erziehungsformen. Der dadurch entstehende Trotz des Kindes wird als Bösartigkeit mißverstanden und mit weiteren Mitteln der Unterdrückung gebrochen. Keiner will nachgeben, da sich längst ein Machtkampf entwickelt hat. Der oberflächliche Erfolg der Eltern aber hat verhängnisvolle Spätfolgen: Das Kind wird zum depressiven Verneiner seines eigenen Lebens oder zum aggressiven Verneiner des Lebens anderer.

»Da ich nie sein durfte, wie ich sein wollte, hat auch der andere kein Recht, so zu sein, wie er will.« Wir spüren hier

53

die Verwandtschaft zum Neid. Es fällt auf, daß einer, der mal etwas Gutes getan hat, viel weniger gefährdet ist, gewalttätig zu werden. Wichtig bleibt für die Erziehung aber auch die Hinführung zur Toleranz und Akzeptanz verschiedener Meinungen.

Manche Eltern schieben ihre privaten Auseinandersetzungen auf die Kinder ab, die sich nun für einen Elternteil entscheiden müssen, obgleich sie beide brauchen und auch lieben. Das hat zur Folge, daß sie später stets meinen, Partei ergreifen zu müssen, wobei sie mit ihrer eigenen Persönlichkeit auf der Strecke bleiben können. Haß kann also auch auf dem Boden einer existentiellen Frustration wachsen.

Der Haß in unseren Schulen hat in einem erschreckenden Ausmaß zugenommen. Hier mag der Vorteil eine Rolle spielen, den sich Schüler von einem aggressiven Verhalten erhoffen. Zum Beispiel erpressen sie einen Mitschüler, damit er seine Hausaufgaben, sein Geld oder andere Werte herausrückt. In der Regel aber lassen aggressive Schüler ihre Wut an Gegenständen aus: Sie demolieren Möbel, Türen und Tafeln, Fenster und Toiletten, wohl auch deshalb, weil sie auf diese Weise ihre Wut an den versachlichten, unpersönlichen Beziehungen auslassen. Die Verdinglichung des Schulsystems, die Technisierung des pädagogischen Prozesses, die pseudo-objektive Leistungsbewertung und schließlich die Vermittlung von Lerninhalten, die mit ihrem Leben kaum zu tun haben, hat in ihnen ein geballtes Aggressionspotential aufgebaut, das es nun zu entladen gilt. Da ist jeder Anlaß willkommen. Ja, es braucht nicht einmal einen Anlaß.

Ein Jugendlicher, der aufgrund wiederholter Schlägereien im Pausenhof und in der Klasse vom Schulpsychologen zu mir geschickt wurde, formulierte die Begründung für sein Verhalten so: »Ich habe Nullbock auf diesen Scheißladen. Wenn man mal tief in der Scheiße hängt, hilft einem sowieso keiner. Ich hasse sie alle.« Auf meine Frage, weshalb er denn seine schwachen Mitschüler verprügelte, sagte er: »Die Scheißpauker krieg ich ja nicht. Und außerdem wagt sich keiner mehr an mich heran.«

Hier gab einer offen zu, daß er seine Kameraden verprügelte, weil er an die eigentlichen (vermeintlichen) Urheber seines Hasses nicht herankam. Das mögen die Lehrer oder die Eltern sein. Vielleicht verprügelt er auch ein Stück von sich selber. Und dann dieser entscheidende Hinweis auf die ausbleibende Hilfe. Da spielt es keine Rolle, ob die ausbleibende Hilfsbereitschaft Ursache oder Folge seiner Aggression ist.

Er machte noch eine andere Bemerkung, die helfen kann, das Phänomen der Gewalt und des Hasses zu verstehen. »Die sind doch selber schuld, wenn die sich verprügeln lassen!« Mit dieser Schuldzuweisung entlastete er sich von der Verantwortung für sein aggressives Verhalten. Daß seine Angriffe tatsächlich aber Racheaktionen für anderweitig erlittene Verletzungen waren, blieb ihm unbewußt. Ich habe seine Eltern aufgesucht. Als ich vor dem Haus stand, war mir manches noch klarer geworden: Ein Hochhaus mit langen dunklen Gängen, verunziert von rostigen Feuertreppen, kahle, bekritzelte Wände, anonymes Klima. Die Wohnung selber war eng, die Eltern einfache, eher ungebildete Leute. Das Gespräch verlief schleppend, von Resignation und Unsicherheit geprägt; der Fernseher lief. Ich spürte die Hilflosigkeit und Not dieser Menschen, ja sogar die Angst vor dem eigenen Sohn.

Max und Moritz verüben schlimme Streiche; ihre Quälereien haben nur den einen Grund: sich für die erlittenen früheren Demütigungen zu rächen. Indem sie andere ärgern und quälen, erfahren sie ein Stück Macht, das sie für kurze Zeit ihre wütende Ohnmacht vergessen läßt. Sie setzen in dieser Rache ein Zeichen der Überlegenheit und einer gottähnlichen Stärke.

Ein Mann tyrannisiert seine Frau, indem er von ihr ständige Unterwerfung fordert. Er begründet diese Forderung mit seinen unzähligen finanziellen Opfern, die er ihretwegen schon gebracht habe. Daß er sich im Grunde nur rächen will, ist unschwer zu erkennen. Er heiratete diese Frau im Zustand blinder Verliebtheit, voller unbewußter Wünsche und sexueller Erwartungen, die jedoch nicht erfüllt wurden. Er, als Kind maßlos verwöhnt, stellte nun die Verwöhnungsansprüche an seine Frau, die aber nicht gewillt war, diesen Anforderungen zu entsprechen. Diese Enttäuschung war ihm nun ein willkommener Grund, sie wie eine Sklavin zu halten. Wir sehen, daß die Verliebtheit am Beginn dieser Beziehung nichts anderes war als eine unreife, egoistische Gefühlsbindung. Sein Zynismus sowie seine Auffassung vom Recht des Mannes, über die Ehefrau jederzeit verfügen zu können, entsprang seiner tiefen Verzweiflung über sich selber. Er haßte seine eigene Art, das Leben zu verneinen.

Hinter jedem Haß steckt eine Selbstverachtung. Solche Menschen stürzen sich oftmals ganz bewußt in Laster; sie führen beleidigende und grobe Gespräche, sie verrennen sich mitunter in kriminelle Machenschaften, als wollten sie sich sagen: Wenn ich schon zu nichts tauge und alles falsch mache, dann gründlich! Sie gehen mit sich selbst lieblos um. Deshalb brauchen sie dringend unsere Hilfe, unser Mitleid, nicht ausschließlich die funktionale Gewalt staatlicher Rechtsprechung.

Hassende Menschen sind sich nicht immer ihres Hasses bewußt. Sind sie intellektuell begabt, benutzen sie kaum physische Gewalt, sondern eher die subtile Form im Sarkasmus, Zynismus und in der verletzenden Ironie. Je schwächer ihr Ichgefühl ist, desto rascher sind sie beleidigt und in ihrem Narzißmus gekränkt. Je tiefer die Kränkung ist, desto bösartiger und blinder können sie im Haß werden. Dabei setzen sie auch ihr eigenes Leben aufs Spiel.

Die Empfehlung Jesu, solchen Menschen gegenüber gewaltlos zu bleiben, für sie zu beten, ist für viele eine Zumutung und ein Ausdruck unrealistischer Einschätzung. Doch Haß läßt sich nicht mit Gewalt heilen.

Wer haßt, zeigt wenigstens noch Interesse an der Person. Erst die Gleichgültigkeit bedeutet den Tod aller Gefühle. Aus Feinden lassen sich Freunde machen; das hat die Geschichte genügend bewiesen. Dennoch: Wenn der Haß einmal ausgebrochen und außer Kontrolle geraten ist, kann seine Heilung nur noch durch einen psychotherapeutisch-seelsorglichen Umgang erfolgen. Der Haß liegt meist tiefer, als der Betreffende selber zu erkennen glaubt. Die genannten Gründe sind vordergründig, oberflächlich, dienen eher als Alibi.

Während das Alte Testament konsequent die Bestrafung der Hasser durch Gott heraufbeschwört, setzt Jesus zu Beginn seines öffentlichen Auftretens andere Maßstäbe. In der Bergpredigt legt er eine neue Form von Spiritualität vor: »Selig seid ihr, wenn euch die Menschen hassen.« Die Seligkeit ist hier denen zugesagt, die um ihres standhaften Glaubens willen gehaßt werden und ihren Hassern verzeihen. Umgekehrt urteilt Jesus sehr streng über jene, die ihre Mitmenschen hassen (Matth 5,21 ff): »Schon wer auf seinen Bruder zornig ist, gehört vor Gericht.« Natürlich ist hier nicht irgendeine aggressive Gemütswallung gemeint, die jeder von uns kennt; es geht nicht um eine situative, vorübergehende Erzürnung, sondern um eine feindliche Dauergesinnung. Denn aus ihr kommen alle anderen Übel: Rache, Betrug, Verleumdung, Rufmord, Mord.

Ich kenne eine Reihe eindrucksvoller Beispiele, in denen hassende, weil zutiefst gedemütigte Menschen zur Umkehr fanden. Ihnen allen wurde der Weg zur Menschenfreundlichkeit durch Liebe und Vorschußvertrauen geebnet. Mir ist kein Fall bekannt, wo Gegengewalt Erfolg gehabt hätte. Die Liebe vermag allerdings dort nichts zu verändern, wo der Haß die letzte Form der Selbstzerstörung erreicht hat: die Verblendung. Ich hoffe aber, daß aufrichtige und beharrliche Gebete auch über den Tod hinaus diesen Menschen Erlösung verschaffen können.

Höre, was ich nicht sage, aber durch meine aggressive Verhaltensweise ausdrücke: Ich hasse mich selber, weil ich nie Liebe erfahren habe, die mich so annimmt, wie ich bin. Ich bin ein Gedemütigter, der aus tiefer Verletzung heraus andere verletzt, um das Gefühl von Überlegenheit zu bekommen. Ich habe nie Vergebung erfahren, habe Angst vor meinen eigenen Gefühlen, die ich hinter gespielter Stärke verstecke. Du kannst mir helfen, zu mir selber zu finden, indem du mir immer wieder Vertrauen schenkst. Immer wieder.

Wut

»Wut tut gut« las ich jüngst auf einer Hauswand. Das veranlaßte mich zu tieferen Überlegungen über die positiven Aspekte dieses hochgradigen Affekts. Als erstes fiel mir dazu ein, daß ich selber oft zu kreativen Handlungen getrieben werde, wenn ich verärgert bin. Offenbar liefert die Aggression die notwendige Energie, sich viel entschiedener, eben »energischer«, mit schwierigen Situationen auseinanderzusetzen. Viele Menschen werden erst im Zustand einer gewissen Wut über ungerechtes Verhalten zum Handeln getrieben. Manchmal beobachte ich bei mir selber, wie der Wutpegel erst eine bestimmte Intensität erreichen muß, damit ich handlungsfähig werde, beispielsweise sehr bestimmt und sicher gegen Bevormundung und Unrecht angehe. Ich verliere jegliche Angst davor, Spannungen und negative Gefühle mitzuteilen und Mitmenschen, selbst Vorgesetzte in ihre Grenzen zu weisen. Die Wut darf aber nicht umkippen in schreiende Unbesonnenheit, in eine blinde oder explosive Aggression. Dann nämlich wird die Energie zu destruktiven Handlungsweisen mißbraucht.

Ungerechtigkeit ist nur *ein* Auslöser der Wut. Manche Menschen brausen bereits bei kleinen Frustrationen auf, bei Irritationen, zum Beispiel ständige Unterbrechungen, Themenwechsel oder andauerndes Kindergeschrei. Andere fahren erst hoch, wenn sie provoziert werden oder sich auch nur im geringsten schon angegriffen fühlen. Da stellt sich zu Recht die Frage, warum die einen so rasch aufbrausen, während andere die Ruhe weg haben.

Lange Zeit meinte man, es hinge mit dem Hormonspiegel zusammen, das heißt mit dem erhöhten männlichen Sexualhormon Testosteron. Doch Beweise fehlen bis heute. Künstliche Injektionen dieses Hormons brachten keinerlei aggressionsfördernde Wirkungen. Wohl aber wurden nach bestimmten Ereignissen, sogar nach der Verleihung des Doktortitels, deutlich höhere Testosteron-Werte festgestellt, jedoch keine aggressive Stimmung. Das läßt möglicherweise darauf schließen, daß die Energiezufuhr durch bestimmte äußere Vorgänge eintritt, auf die nun der Mensch unterschiedlich reagiert. Und das hängt wohl mit seinem Charakter zusammen. Temperamentvolle Personen neigen rascher zu Wutausbrüchen als introvertierte »stille Wasser«. Diese Vermutung ist jedoch kein Freibrief für die Temperamentvollen. Denn es gilt allemal die Erkenntnis des griechischen Philosophen Epiktet: »Nicht die Dinge selbst, sondern die Meinung von den Dingen beunruhigen die Menschen.« Mit anderen Worten: Ob einer wütend wird oder nicht, hängt auch davon ab, was in seinem Kopf vorgeht, wie er die Dinge bewertet.

Der Jähzorn ist keine vererbte Anlage, sondern eine von der Umwelt abgeschaute und verinnerlichte Reaktionsbereitschaft. Je mehr Unterdrückungen und Demütigungen vorausgingen, desto empfindlicher und heftiger wehrt sich der Mensch gegen die Angriffe auf seine Person. Vereinfacht ausgedrückt: Alle zornmütigen Leute haben jahrelang unter schweren Minderwertigkeitsgefühlen gelitten.

Ein Mann fällt immer wieder dadurch auf, daß er bei den kleinsten Kritiken wütend aufbraust, laut wird und hundert Argumente zu seiner Verteidigung vorbringt. Seine Arbeitskollegen wissen nie, wie er auf Frustrationen gerade reagiert. Diese Unberechenbarkeit, gepaart mit einem äußerst schwachen Ichgefühl, hat im Lauf der Jahre in diesem Mann Schuldgefühle erzeugt. Äußerungen wie »Entschuldigung, es war nicht so gemeint« und »Versteh mich bitte nicht falsch« gehören zu seinem täglichen Repertoire. Unschwer ist zu erkennen, daß der ansonsten sehr gutmütige und hilfsbereite Kollege unter seinen Wutausbrüchen leidet. Seine permanente Verteidigungshaltung läßt ahnen, welche seelischen Angriffe er in seiner Jugend erleiden mußte.

Mit solchen Menschen ist im Fall notwendiger Kritik anders zu verfahren, als mit Leuten, die einiges wegstecken können.

Kinder können die beängstigenden Wutanfälle ihrer Väter schon deshalb übernehmen, weil sie merken, daß ein solches bedrohliches Auftreten seine erwünschte Wirkung zeigt. So ist die Bereitschaft zu Wutausbrüchen keine geerbte, sondern eine abgeschaute Taktik.

Nun wissen wir längst, daß wütende Menschen auch ängstliche Menschen sind. Die Aggression dient ihnen zur Verdeckung ihrer Angst. Man könnte sie mit einem Hund vergleichen, der laut bellt und die Zähne fletscht, weil er letztlich Angst vor dem Angreifer hat. Wer ständig zur Wut neigt, fühlt sich permanent bedroht und hintergangen. Gesellt sich die Eifersucht noch hinzu, steht es schlecht mit dieser Beziehung.

Ein Mann mittleren Alters leidet seit Jahren an Magengeschwüren. Er ist sehr dienstbeflissen, korrekt und ehrgeizig. Gelegentliche Wutausbrüche fallen sehr heftig aus, um dann wieder einer längeren Ruhepause zu weichen. Seine äußerlich beherrschte Haltung täuscht; denn die innerlich kochende Wut hat längst seinen Blutdruck hochgetrieben, seine Gefäße verengt. Es ist mit ihm nicht gut Kirschen essen; man weiß bei ihm nie so recht, wie er das meint, was er sagt, und wie er das bewertet, was er hört. Als ihm unmittelbar vor seinem 50. Geburtstag die Wohnung gekündigt wird, erleidet er einen Magendurchbruch und überlebt ihn knapp. Er hatte sich vor Wut buchstäblich ein Loch in den Bauch geärgert; er ist vor Wut geplatzt.

Dann gibt es Leute, die aus reiner Langeweile die emotionale Erregung suchen, um ihrem leeren Leben etwas Spannung zu geben. Dazu eine Geschichte: Ein Reisender gab dem Speisewagenkellner seine Bestellung auf. »Zum Nachtisch möchte ich Obsttörtchen und Eis«, sagte er. Der Kellner muß passen. Es gibt keine Obsttörtchen. Der Mann explodiert: »Was? Keine Obsttörtchen? Absurd. Seit Jahren reise ich mit dieser Eisenbahnlinie und organisiere Reisen für Tausende von Touristen. Und Sie haben keine Obsttörtchen?« Der Kellner bespricht das mit dem Chefkoch, und sie besorgen dem Gast bei der nächsten Station sein geliebtes Obsttörtchen. »Ich bin glücklich, Ihnen das Törtchen servieren zu können«, sagte der Kellner. »Und außerdem erlauben wir uns, Ihnen einen Cognac anzubieten mit den besten Empfehlungen von der Eisenbahngesellschaft.« Der Reisende warf die Serviette auf den Tisch, ballte die Faust und schrie: »Zum Teufel mit den Törtchen! Ich möchte wütend sein!«–

Mit Wut und Ärger richtig umzugehen, muß gelernt sein. Viele religiöse Menschen sehen aufgrund der Äußerung Jesu vom Hinhalten der anderen Wange die einzige legitime Möglichkeit im Stillhalten und Herunterschlukken. Sie haben das Anliegen Jesu völlig mißverstanden. Schließlich griff auch er einmal zum Strick und wurde handgreiflich aus Wut über das unverschämte Verhalten gewisser Tempelhändler. Und als er geohrfeigt wurde, stellte er seinem Gegner die Frage nach dem Grund dieser Demütigung. Wut kann durchaus berechtigt sein und Energie liefern für die not-wendige Auseinandersetzung. Deshalb sollte der Wütende seine Gefühle unverschlüsselt ausdrücken und nicht etwa tagelang wortkarg herumlaufen, im Schneckentempo seinen Verpflichtungen nachkommen oder sich absondern. Er sollte nicht explodieren, sondern nach einer anfänglichen Besinnung, den Anlaß (nicht die Person) seines Ärgers zu nennen. Außerdem ist es ein Gebot der Fairneß, den anderen nicht vor Zeugen zur Rede zu stellen, sondern erst einmal unter vier Augen. Das Hinzuziehen von weiteren Gesprächsteilnehmern oder Zeugen kann dann immer noch erfolgen, wenn es denn für die Klärung hilfreich ist. Mancher tut sich schwer in der verbalen Diskussion; ihm rate ich, sich schriftlich vorzubereiten oder dem Betreffenden einen Brief zu schreiben. Im übrigen gelten hier die Regeln, die ich im dritten Kapitel dargelegt habe.

Wut tut manchmal gut. Sie vermittelt einem ein gewisses Machtgefühl, wenn der andere sich duckt, weil ich so richtig loslege. Die Frage bleibt, ob dieser enorme Energieaufwand lohnt. Und ob nicht hinterher die bittere Erkenntnis folgt, sich für das blamable Benehmen entschuldigen zu müssen. Petrus hieb einmal dem Malchus ein Ohr ab aus lauter Wut über die Gefangennahme Jesu. Jesus wies ihn zurecht. Und als Jakobus und Johannes mitsamt ihrem Meister in einem Dorf abgelehnt wurden, waren sie drauf und dran, Feuer vom Himmel zu erbitten, um das ungastliche Dorf zu bestrafen (Lukas 9,51 ff). Übrigens nannte Jesus die beiden Brüder Boanerges, das heißt Donnersöhne. Die Heilige Schrift empfiehlt, mit Streitsüchtigen nicht zu streiten, da sie ja doch nur einem das Wort im Mund umdrehen (Sir 8,13). Paulus bekennt vor dem König Agrippa seine frühere maßlose Wut in der Verfolgung der Christen (Apg 26,11). Seine Umkehr ist ein gutes Beispiel dafür, wie sich eine destruktive Energie in eine konstruktive verwandeln kann. Mit dem gleichen Eifer, den er bei der Verfolgung der Christen einsetzte, trat er nach Erkenntnis seines Irrtums für ihre Verteidigung ein.

Wer zu Zornesausbrüchen neigt, kann nach der Lektüre dieses Kapitels nicht mehr sagen, er sei nun mal so und überhaupt sei alles nicht so schlimm gemeint. Er wird lernen müssen, sich zu beherrschen. Schließlich kann auch das Opfer seiner Wut bemerken, daß er es nicht so gemeint habe und ganz bestimmt nicht ärgern wollte. Es ist also hilfreich, Konflikte zu relativieren, sich auf sein eigenes Unvermögen zu besinnen, tief Luft zu holen und dann erst seinen Unmut zu äußern.

Höre, was ich nicht sage, aber durch Aufbrausen und aggressive Anspielungen zu verstehen gebe: Ich bin wütend, weil alte, verdrängte Erinnerungen hochkommen, weil ich Ohnmacht spüre. Wenn ich wütend bin, fühle ich mich stark. Ich leide unter dem Unrecht, das mir oder anderen geschieht, deshalb bin ich gereizt, unberechenbar, hilflos. Deshalb bin ich so verkrampft und habe psychosomatische Störungen. Ich bin selbst ein verletzter Mensch, der sich als Kind schon erfolglos gegen Unrecht aufbäumte. Hilf mir, meine Aggressionen in konstruktive Taten umzusetzen; sprich mit mir über meine Wut und lach mich bitte nicht aus. Nimm mich ernst!

Rechthaberei

Jeder kann sich auf einfache Weise Sympathien verschaffen, indem er seinen Gesprächspartnern grundsätzlich recht gibt. Wer hingegen ständig seine eigene Meinung als die einzig wahre ausgibt, verliert sehr rasch seinen sozialen Bonus. Rechthaberische Menschen sind ein Greuel; sie sind unnachgiebig in Auseinandersetzungen und halten sich womöglich noch für konsequent oder gradlinig, wo in Wahrheit Herrschsucht und Starrsinn vorliegen.

Natürlich geht es nicht darum, die Wahrheit zugunsten eines friedlichen Zusammenlebens beiseite zu stellen oder erwiesene Tatsachen nur deshalb zu leugnen, damit kein Sympathieverlust eintritt. Ich muß aber auch nicht immer recht haben, selbst wenn ich recht habe. Ist der andere uneinsichtig, oder hat er vielleicht Angst vor der Wahrheit, so gebietet es die Klugheit oder auch die Demut, zu schweigen. Die Stunde der Wahrheit mag für ihn noch nicht gekommen sein. Diese Erkenntnis kann uns helfen, mehr Geduld für den anderen aufzubringen und die Hoffnung auf Änderung seines Verhaltens nicht aufzugeben. Ich habe nicht die geringsten Zweifel, daß beharrliches Beten hilft. Aber nirgendwo steht geschrieben, daß Gott unsere Gebete stets zu unseren Lebzeiten und gemäß unseren Vorstellungen erhören werde.

Rechthaberische Leute greifen zur Lautstärke, berufen sich auf die Meinung anderer, zitieren irgendeinen Gelehrten, um ihre Meinung zu unterstreichen. Das alles kann auch dazu dienen, den eigenen schwachen Standpunkt zu übertünchen. Wem wäre es nicht selbst einmal so ergangen, daß er einer wenig fundierten, eher auf Emotionen beruhenden Auffassung durch Zurschaustellung oberflächlicher Kenntnisse und rationaler Scheinargumente zum Überleben verholfen hätte! Das gilt allerdings auch für die aggressive Durchsetzung einer sachlich richtigen Meinung. Es ist die Angst, als schwach und töricht zu erscheinen, sollte der eigene Standpunkt nicht Oberhand gewinnen. So flüchten wir in die Hartnäckigkeit, das letzte Wort haben zu wollen, um somit das Gefühl der Stärke zu bekommen.

Wer nicht so gut mit seinem Mundwerk drauf ist, mag handgreiflich werden. Wir sprechen vom Faustrecht. Es ist erschreckend, wie viele Menschen sich Recht verschaffen durch Fausthiebe und Gewaltandrohung. Manchmal sind sie tagelang beleidigt, wenn man ihrer Meinung nicht die gebührende Achtung geschenkt hat. So läßt sich feststellen, daß rechthaberische Menschen oft auch wenig gelingende soziale Beziehungen haben. Wer Nachgiebigkeit oder das Bekenntnis seines Irrtums für eine persönliche Blamage hält, wird alle Register ziehen, um recht zu behalten. Am Ende wird er vielleicht sagen: »Mit dir kann man nicht reden.«

Eine solche Feststellung ist aber auch aus dem Mund des anderen zu hören, der seinerseits seine Meinung durchfechten möchte. Wer ist denn nun der Rechthaberischere von beiden?

Wer seine »Niederlage« nicht verkraften kann, wer sein schwaches Ichgefühl mit Lautstärke und emotionalem Gehabe kompensieren muß, wer sich in solchen Disputen ständig persönlich angegriffen fühlt und dann auch selber unsachlich wird, zeigt einen Hang zur Rechthaberei. Der ist fast immer verbunden mit einem starken Geltungsstreben.

Es ist leicht einzusehen, daß hier Ängste mitschwingen, zum Beispiel die Angst vor einer persönlichen Entwertung im Fall, daß er klein beigeben müßte. Was muß in seiner Lebensgeschichte alles schief gelaufen sein, das diesen Hang zur Unfehlbarkeit erklären könnte?

Verwöhnte Kinder haben immer wieder erfahren, daß ihre Forderungen erfüllt wurden. Vielleicht haben sie hie und da ihren Wünschen lautstark und erpresserisch Nachdruck verliehen. Jedenfalls brauchten sie weder Zurückhaltung noch Verzicht zu üben. Irgendwie fühlten sie sich dadurch überlegen und gelangten im Lauf der Zeit zur

Auffassung, daß die Leute ihnen zu Füßen liegen, wenn sie sich zum Mittelpunkt machen.

Doch auch die autoritäre, unnachgiebige Erziehung weist dieselben Resultate auf: Ein Kind, das wiederholt erfährt, wie schlimm ein Unrechthaben geahndet wird, wird später alles daran setzen, recht zu haben. Es muß keineswegs dumm und uneinsichtig sein; es ist eher in seinen Gefühlen gestört, hat also eine sogenannte affektive Intelligenzblockade.

»Wie kann einer nur so blöd argumentieren?« – »Ist der so dumm oder tut er nur so?« Die Antwort darauf müßte sehr oft lauten: »Er ist nicht dumm; aber er hat Angst vor der Offenbarung seines Irrtums. Denn dies käme für ihn einem Gesichtsverlust gleich.«

Das muß nicht für alle Rechthaber gelten. Einige halten tatsächlich große Stücke auf sich; für sie ist jene Unnachgiebigkeit ein Ausdruck von Charakterstärke. Doch beweist sich die wahre Charakterfestigkeit in der Fähigkeit, auf andere zuzugehen, Kompromisse zu schließen, freundlich zu bleiben und den anderen nicht mit seiner eigenen Meinung zu erschlagen.

Gelegentlich erfahre ich ein überraschendes Entgegenkommen, sobald ich dem anderen recht gebe. Es scheint, daß konziliantes Benehmen den ansonsten rechthaberischen Gesprächspartner einlenken läßt. Er kann aus seiner gewonnenen (oder von mir geschenkten) Position heraus plötzlich konstruktive Energien freisetzen; schließlich ist er ja in seinen Augen der Gewinner. Vielleicht hat er auch nur Schuldgefühle angesichts seines verbissenen Einstiegs in das Streitgespräch. Es gibt also auch überzeugungstreue Diskussionspartner, die sich noch nicht ganz in einer diktatorischen Haltung versteift haben. Es liegt auf der Hand, daß man mit ihnen sehr geschickt umgehen muß, will man ihre Zuneigung nicht verlieren.

Schon der Apostel Paulus, dem man bestimmt keine Nachgiebigkeit nachsagen kann, empfiehlt eine gewisse Zurückhaltung und Anpassung an denjenigen, der anderer Meinung ist. Er bezieht sich hier auf den Umgang mit Andersgläubigen. Gerade bei religiösen Themen kann ja die Rechthaberei zu erheblichen zwischenmenschlichen Konflikten führen. Paulus schreibt also: »Der Schwache geht an deiner Erkenntnis zugrunde, wenn du seinem schwachen Gewissen einen Schlag versetzt.« (1 Kor 8,11) Und: »Wenn ich mit Menschen zu tun habe, deren Glaube noch schwach ist, werde ich wie sie, um sie zu gewinnen!« (1 Kor 9,22) Das bedeutet keineswegs plumpe Anbiederung oder gar taktische Täuschung. Es ist auch nicht dieses billige Rechtgeben nach der Art: »Jaja, du hast ja so recht! Ich glaube dir alles. Nun sei schön lieb!« Im Buch Sirach steht auch die Forderung, sich selber in aller Demut das Recht zu geben, das einem zusteht. Paulus hat dies mit aller Konsequenz getan, als er sein Recht beim römischen Kaiser einklagte. Es kann immer nur eine Forderung der Klugheit oder der Demut sein, seine eigene Meinung zurückzuhalten beziehungsweise die Meinung des anderen auch gelten zu lassen. Sie muß in jedem Fall ernstgenommen werden. Seine Aussage als »Quatsch« oder als »Ausfluß einer Gehirnschrumpfung« abzutun, ist nicht weniger hochmütig und verletzend.

Ein langer Rechtsstreit fand zwischen den Aposteln und den Juden, die Christen geworden waren, statt. Es ging um die Frage, ob die Heiden sich erst beschneiden lassen müßten, um dann die Taufe empfangen zu können. Die Apostel waren von Anfang an der Auffassung, daß dies nicht erforderlich sei, da zur Taufe der Glaube genügt. Doch die Juden beharrten auf ihrer Forderung nach der von Mose vorgeschriebenen Beschneidung. Wenn man nun weiß, daß unter diesen Leuten ehemalige Pharisäer waren, also strenge (und oft auch rechthaberische) Gesetzestreue, kann man verstehen, weshalb sie, die Beschnittenen, darauf pochten (vgl. Apg 15). Die ganze Heilige Schrift ist durchzogen von Beispielen übler Rechthaberei: Anklagen werden erhoben, Schauprozesse geführt, Menschen getötet.

»Angeklagter«, sagt der Großinquisitor, »Ihnen wird vorgeworfen, Menschen ermutigt zu haben, Gesetze, Traditionen und Regeln unserer heiligen Religion zu brechen. Was sagen Sie dazu?«

»Ich bekenne mich schuldig, Euer Ehren.«

»Sie werden beschuldigt, des öfteren in Gesellschaft von Ketzern, Prostituierten, wucherischen Steuereinnehmern und kolonialen Eroberern unseres Volkes gesehen worden zu sein. Was sagen Sie dazu?«

»Ich bekenne mich schuldig, Euer Ehren.«

»Man wirft Ihnen vor, öffentlich jene kritisiert zu haben, die in der Kirche Gottes an oberste Stelle gesetzt wurden. Was sagen Sie dazu?«

»Schuldig, Euer Ehren.«

»Schließlich sind Sie angeklagt, die heiligen Lehrsätze unseres Glaubens revidieren, korrigieren und in Frage stellen zu wollen. Was sagen Sie dazu?«

»Ich bekenne mich schuldig, Euer Ehren.«

»Wie heißen Sie, Gefangener?«

»Jesus Christus, Euer Ehren.«

Rechthaberei gibt es in allen Schattierungen. Immer aber hat es mit der Angst zu tun, seine Position und damit eben auch sein Selbstwertgefühl zu verlieren. Im schlimmsten Fall sind solche Menschen mißtrauisch und bösartig, ja ungerecht und diktatorisch. Illusorisch, hier ein Einlenken zu erwarten! Bei alten Menschen, auch bei psychotisch Kranken, finden wir mitunter eine ganz starre, wahnhafte Meinungsbildung, von der sie nicht abzubringen sind. Es hat gar keinen Zweck, gegen die zwanghafte Einbildung, bestohlen oder verfolgt zu werden, mit Argumenten anzutreten. Gegen Rechthaberei gibt es nur zwei Mittel: Sachliche Gespräche mit sehr einfühlsamer Klarstellung und Gebet um den Heiligen Geist. Manchmal vermag nur noch der Geist der Erkenntnis und der Demut verhärtete Fronten aufzuweichen.

*Höre, was ich nicht sage, aber durch
rasches Beleidigtsein andeute:
Ich bin verstimmt, weil du mir nicht recht
gibst.
Ich poche auf meine Meinung und suche
deine Zustimmung; denn so erfahre ich
Geltung und Anerkennung.
Ich lebe in der Angst, schwach zu
erscheinen, wenn ich mich nicht
durchsetzen und überzeugen kann. Dann
bestrafe ich dich, indem ich nicht mehr mit
dir rede, oder ich argumentiere solange
und so laut, bis du nachgibst. Ich werde alle
möglichen Beweise antreten, meine
Meinung als richtig zu untermauern;
zugleich ärgert es mich, daß ich nicht
nachgeben kann.
Ich muß lernen, mein Selbstwertgefühl
vom Rechthabenwollen abzukoppeln,
weil es damit nichts, aber auch gar nichts
zu tun hat.*

Eitelkeit

Wer von uns könnte je sagen, er sei noch nicht eitel gewesen. Ob es sich um die geschickt zurechtgelegte Haarlocke handelt, um ein sklavisch anmutendes Nachjagen der neuesten Mode oder um bewußt und gekonnt vernachlässigtes Äußeres oder lediglich um ein Haschen nach Komplimenten, ausgelöst durch eine kurze und scheinbar nebensächliche Bemerkung über den erfolgreichen Geschäftsabschluß von gestern abend, all dies sind Beispiele für das Streben nach Geltung. Und wer möchte nicht etwas gelten? Um aber Menschen, die wir für eitel halten, besser verstehen zu können, brauchen wir die Erkenntnis des Tiefenpsychologen Alfred Adler. Er deckte auf, daß jeder von uns für Minderwertigkeitsgefühle anfällig ist, die er durch scheinsicheres Auftreten, durch Schmücken mit eigenen oder fremden Federn, durch maßloses Aufopfern und viele andere Verhaltensweisen ausgleichen will. Dabei ist es nicht immer möglich, die Grenzen zwischen einer gesunden und übertriebenen Selbstdarstellung klar abzustecken. Es mag Sie vielleicht wundern, daß ich von einer gesunden Selbstdarstellung spreche, weil dies widersprüchlich erscheint. In der Tat gibt es aber einen lebensnotwendigen Narzißmus, eine Form der Selbstliebe, die alle Energien liefert, seine Gaben und Fähigkeiten zum Einsatz zu bringen, also auf den Scheffel zu stellen. Dies muß mit Eitelkeit überhaupt noch nichts zu tun haben. Es kann sogar allein die Freude am Leben sein, verbunden mit der Dankbarkeit dem Schöpfer gegenüber, der mich so schön geformt und so wunderbar ausgestattet hat. Man hat sogar festgestellt, daß gerade die Eigenliebe, auch die weniger edle, ein wichtiger Motor für soziale Leistungen ist. Die pathologische, also egozentrische Eigenliebe offenbart sich oft schon aufgrund eines schmeichelnden oder kritischen Wortes.

Da wird jemand für eitel gehalten, der in Wahrheit voller Selbstzweifel steckt. Es gelingt ihm nur nicht, seine

Zweifel so geschickt zu tarnen wie das vielleicht andere tun, die sogar ihre Eitelkeit meisterlich tarnen können. Indem wir ihm nun zu verstehen geben, daß er durchschaut ist, versetzen wir seiner tiefliegenden Unsicherheit einen weiteren Stoß, der ihn noch tiefer in die Maskierung seines Minderwertigkeitsgefühls treibt. Vielleicht wollten wir ihm helfen und ihm sagen, daß er sich doch so groß nicht zu machen brauche, schließlich sei er ja nicht so klein. Das mag gut gemeint sein; aber es war zu direkt oder zur falschen Zeit. Und außerdem kann sich selbst hinter diesem gutgemeinten Rat-Schlag ein kleines Stück eigener Eitelkeit verbergen, das nichts anderes sucht als die Anerkennung der vorgeführten Menschenkenntnis. Sie sehen, verehrte Leser, die Sache mit unserer Psyche hat erhebliche Haken und Tücken.

Nicht jedes Tun, das den Anschein von Eitelkeit hat, ist auch eitel. Wir sind oft nicht die, für die wir gehalten werden. Und das, für das wir uns selber halten, wird auch zu selten gesehen. Nicht jede Koketterie ist schlecht. Ich denke, sie ist Teil des menschlichen Instinkts.

Amerikanische Psychologen glauben herausgefunden zu haben, weshalb Mädchen weitaus häufiger zu Depressionen neigen als Jungen. Sie sehen die Hauptursache in der Konzentration der Mädchen auf ihr Äußeres. Mit Beginn der Pubertät fangen sie an, sich zu beobachten, über zu dicke Beine, zu lange Nasen oder zu kurze Arme zu klagen. Die gesunde Selbstachtung bekommt einen erheblichen Riß. Inzwischen beobachten die Psychologen auch bei den Männern zunehmende Mängel an Selbstwertgefühl, erkennbar am verstärkten Konkurrenzdenken bezüglich Aussehen und Körperbau. Eine eigene Industrie lebt von diesem, durch sie selbst suggerierten Mangel. Fitness-Studios, Solarien, Kosmetiksalons, Müsli-Konzerne und die gesamte Textilbranche erleben einen ungeheuren Boom. Der Markt der Eitelkeiten setzt Milliarden um. Wer diesem Schönheitstrend kein stabiles Selbstvertrauen von Haus aus entgegenstellen kann, läuft Gefahr, gänzlich von ihm eingenommen und dann ausgenommen zu werden. Unsere Wünsche und unser Wollen werden größer als unser Können. Die Selbstzweifel verschwinden nicht etwa, sie werden vielmehr genährt und fordern eine große Energie, die nötig ist zu ihrer Unterdrückung.

Der Eitle liebt sich selbst zu wenig; er hegt so starke Selbstzweifel, daß er ständig darum bemüht ist, andere von seinem Wert zu überzeugen. Das kann für kurze Zeit durchaus gelingen.

Peter ist ein junger, gutaussehender Mann. Er weiß das sehr genau und hat Erfahrung im Umgang mit jungen Frauen. Er ist ein Charmeur, beliebt und gefragt. Eigenartigerweise ist er unverheiratet. Und viele fragen sich, wie es kommt, daß so ein hübscher Mensch keine feste Bindung eingeht. Mitunter wirkt er geradezu übertrieben kokett. Er weiß sehr genau, wie er sein Lächeln einsetzen muß, um die optimale Wirkung zu erzielen. Er kommt natürlich nie pünktlich zu irgendwelchen Einladungen; auch das ist bewußt inszeniert: Die kleine berechnete Verspätung bringt ihm Pluspunkte bei den schon eingetroffenen Gästen. Er steht im Mittelpunkt des Interesses, sobald er im neuesten modischen Blazer erscheint. Daß einige ihn mit Verachtung strafen, ehrt ihn. Ein kurzer Witz, pointiert und günstig plaziert – und Peter ist in seinem Element.

Ich weiß nicht, wie viele Herzen er erobert und wieder fallengelassen hat. Ich weiß nur, daß er nicht glücklich ist. Die Angst vor einer plötzlichen Demaskierung erlaubt es ihm nicht, eine Beziehung über längere Zeit aufrechtzuerhalten. Er könnte auf Dauer nicht den unausgesprochenen und von ihm selber provozierten Erwartungen gerecht werden. Er ist im hohen Maß ein narzißtischer Mensch, einer, der in sich selbst verliebt ist und Eindruck machen muß, um Schwächen zu maskieren. Wer sich wirklich liebt, nimmt auch seine Schatten an und hat es nicht nötig, eitle Effekthascherei zu betreiben.

Die Ursachen der übertriebenen Eitelkeit sind vielfältiger Art: Verwöhnung und Erziehung zum »kleinen Prinzen« ist eine häufige Wurzel für späteres Imponiergehabe. Das war bei Peter der Fall. Diskriminierung, Bevorzugung der Geschwister und ständiges Vergleichen mit anderen Kindern sind weitere Erklärungen für den Hang, schöner, stärker und erfolgreicher sein zu müssen. Wir erkennen die Nähe zum Perfektionismus, zum Ehrgeiz und auch zur Arroganz. Wer sich zu lange als minderwertig betrachtet, wird später ein Überwertigkeitsgefühl aufbauen. Geltungs- und Machtstreben rühren daher. So etwas kann sich bei politisch einflußreichen Personen verhängnisvoll auswirken. Denken wir an Hitler, Goebbels und Göring. Fast alle Tyrannen und Despoten sind nicht nur sehr eitel (man denke an die hochdekorierten Phantasieuniformen, die sie tragen), sondern eben auch gefährlich, weil sie ihren Minderwertigkeitskomplex durch gegenteiliges Gehabe ausgleichen wollen. Sie unterdrücken andere, um sich so der eigenen erlittenen Unterdrückung zu entledigen. Die Machtpose entspringt erlittenen Demütigungen und soll die Angst vor dem persönlich empfundenen Unwert maskieren. Wehe dem, der es wagen würde, diese Maske herunterzunehmen. Krankhafte Eitelkeit duldet keinen Widerspruch, keine Kritik, kein Infragestellen der Position. Während der normale Eitle allenfalls beleidigt wäre und schmollte, wird der pathologisch Eitle seinen Kritiker mundtot machen.

Die Heilige Schrift setzt Eitelkeit mit Nichtigkeit und Vergänglichkeit gleich. »Kindheit und Jugend sind eitel« heißt es im Buch der Prediger 11,10. Paulus mahnt die Kolosser (die Bewohner der Stadt Kolossä in der heutigen Türkei), sich von niemandem vorschreiben zu lassen, was sie essen und trinken dürfen: »Laßt euch nicht irremachen von Leuten, die in ihren Visionen die Engel schauen und die sich daraufhin in besonderen Frömmigkeitsübungen gefallen, um diese Mächte durch ihre Verehrung günstig zu stimmen. Solche Leute sind ohne jeden Grund eingebildet. Sie verlassen sich auf sich selbst, anstatt sich an Christus zu halten. ... Ihre Frömmigkeitsübungen führen nicht zur erstrebten Ehrenstellung vor Gott, sondern dienen nur der Befriedigung der menschlichen Selbstsucht und Eitelkeit.« (Kol 2,18 + 23 b).

Hier wird deutlich ausgesprochen, daß auch religiöse Übungen der Selbstgefälligkeit dienen können. Da sind vor allem jene gefährdet, die zur Übertreibung neigen und eine gewisse Gesetzesfrömmigkeit an den Tag legen. Bekannt sind ja die überaus deutlichen Worte Jesu in bezug auf die Pharisäer, die »sich gern in ihren Gewändern zeigen und auf der Straße respektvoll grüßen lassen... Sie sprechen lange Gebete, um einen guten Eindruck zu machen.« (Markus 12,38f.) Jesus verurteilt weder die langen Gewänder noch das lange Beten, sondern das Motiv der Eitelkeit und Selbstsucht. Alles verliert seinen Wert, sobald niedrige Beweggründe dahinterstecken.

Einmal bat die Mutter der beiden Apostel Jakobus und Johannes (die beiden »Donnersöhne«) Jesus um die Erfüllung eines eitlen Wunsches: Er möge ihre Söhne links und rechts neben ihn plazieren, wenn er seine Herrschaft antritt. Das wies Jesus ab, da er nicht über die Platzanweisung im neuen Reich verfüge. Die anderen Apostel hörten das und waren verärgert. Daraufhin sagte Jesus zu allen, wer etwas Besonderes sein will, soll den anderen dienen, und wer an der Spitze stehen möchte, soll sich stets unterordnen (vgl. Matthäus 20,20–28). Mit dieser Empfehlung ist zugleich das therapeutische Mittel gegeben, der Eitelkeit vorzubeugen. Sicherlich mögen sich sogar hinter einer bescheidenen, dienenden Seele Anflüge eitler Motive verbergen; aber wer außer Gott weiß schon wirklich, wie unser Inneres aussieht?

Die Therapie ausgeprägter Eitelkeit ist schwierig. Möglicherweise wird solche Selbstgefälligkeit erst in der Erfahrung bitterer Krisen gebrochen. Jede Krise hat ja ihren Sinn. Wenn mir etwas gründlich mißlingt in einem Gebiet, in dem ich sehr gut zu sein meinte, ist der Schmerz besonders heilsam, da er die Selbstgefälligkeit erschüttert und zugleich die Demut fördert. Das dürfte auch einer der

Gründe sein, weshalb Gott uns bisweilen den ernüchtern-
den Schmerz zumutet: Wir sollten auf den Teppich kommen und etwas mehr Demut üben. Es kommt darauf an,
diese Chance des Mißerfolgs zu erkennen; andernfalls fällt
der Betreffende in eine resignierte Eitelkeit, die sich in
überhöhten Ansprüchen und Tagträumereien erschöpft,
ohne je selber einen Finger dafür zu krümmen.

*Höre, was ich nicht sage, aber durch
Betonung meines Äußeren, durch
übertriebene Darstellung meiner
Fähigkeiten signalisiere:
Ich möchte anerkannt und bewundert
werden, im Mittelpunkt stehen, weil ich so
am besten andere von meinem Wert
überzeugen kann, einen Wert, den ich
selber ständig anzweifle.
Ich habe Angst vor meinen Schwachseiten
und Fehlern, vor Ablehnung.
Deshalb putze ich mich heraus,
mache ich mich groß.
Dabei geht mir bisweilen die damit
verbundene Mühe auf die Nerven; es wäre
so schön, mich einmal endlich loslassen zu
können, ohne Angst vor dem Imageverlust
zu haben.*

Ehrgeiz

Mit der Eitelkeit eng verwandt ist der Ehrgeiz. Ich meine nicht den lebensnotwendigen Antrieb zu gewissen Leistungen, der dem Menschen von Natur aus zu eigen ist und der sich auch in einem gesunden Wettbewerbsdenken niederschlägt. Das Wort »Ehrgeiz« trifft diesen positiven Aspekt nicht, ist er doch immer ein Geiz, das heißt ein selbstsüchtiges Streben. Es gibt unterschiedliche Formen des Geizes, aber allen gemeinsam ist die übertriebene Sorge um das eigene Ich. Ob einer mit Geld geizt, mit der Ehre, mit seiner Zeit oder mit seinen Gefühlen, er ist stets ichzentriert. Er will etwas für sich zurückbehalten. Sein Motiv kann die Verlustangst sein, das schreckliche und irgendwann einmal erlebte Nacktsein und Ungesichertsein; es kann aber auch reine Mißgunst sein, die dem Nächsten eben das vorenthalten will, was man für sich selber zuwenig zu besitzen glaubt, was einem vielleicht früher einmal genommen worden ist. Überhöhte Leistungsansprüche haben oftmals nur den einen Zweck: andere zu übertrumpfen, um sich und der Umwelt zu zeigen, wie erfolgreich, gescheit oder mächtig einer ist. Damit erhöht sich das Prestige; die Eitelkeit bekommt Nahrung.

Es gibt auch den resignierten Ehrgeiz, der sich nach wiederholten Mißerfolgen einstellen kann. Dann fällt der Mensch in die Bequemlichkeit zurück, ohne aber seine illusionären Ansprüche aufzugeben. In Tagträumen und Phantasien lebt er sie aus, ohne jemals aktiv zu werden.

Der gesunde Ehrgeiz ist ein Fleiß, der einem konkreten Ziel dient, um das Selbst zu verwirklichen. Im Unterschied zum selbstsüchtigen Ehrgeiz, der primär die gesellschaftliche Anerkennung zum Ziel hat, will der Fleiß eine Aufgabe lösen, um so zur maximalen Entfaltung gottgegebener Fähigkeiten zu gelangen. Die Person will sich selbst verwirklichen bis zur Grenzerfahrung, ohne in erster Linie das Lob im Blickfeld zu haben. Natürlich freut er sich über eine Anerkennung seiner Leistung; der selbstsüchtig motivierte Ehrgeiz giert nach dem Lob, um es dann vielleicht auch noch geschickt herunterzuspielen, damit der andere das »fishing for compliments« nicht merken soll.

Da setzt ein Mann seine ganze Energie daran, es im Leben zu etwas zu bringen. Sein Ehrgeiz pumpt ihn völlig aus. Um dieses verbissene Streben weiß er; er will bei seiner Familie und bei seinen Freunden wieder zu Ehren kommen, die ihn bislang für untauglich gehalten haben. Jetzt will er es ihnen allen zeigen. Infolge seines Übereifers erkrankt er immer wieder und erleidet dadurch Rückfälle, die die öffentliche Meinung von seiner Untauglichkeit nur noch mehr bestätigen. Sobald er wieder einigermaßen auf den Beinen ist, wühlt er um so verbissener und maßloser in seiner Arbeit, um neuerlich auf die Nase zu fallen.

Wissenschaftler des Medical Center an der Universität in Kalifornien haben festgestellt, daß sehr erfolgsorientierte Menschen, die schwache Schulleistungen aufwiesen, am häufigsten erkrankten. Die Verbindung von großen Erwartungen und schwachen Leistungen schlug sich in erhöhter Anfälligkeit für ansteckende Krankheiten nieder. Die Immunfunktion des Körpers bekommt Schlagseite angesichts eines verbissenen Karrieredenkens. Nicht der Streß selber macht krankt, was ja viele bis ins hohe Alter hinein kreativ schaffende Menschen beweisen, sondern die emotionale Einstellung zur Arbeit. Mit anderen Worten: Wer etwas gern tut, weil er aus sich selber Probleme lösen möchte und seine Kreativität herausfordert, erkrankt weniger als einer, der vom Ehrgeiz getrieben wird, »um es der Welt zu beweisen«. Der krankhaft Ehrgeizige täuscht mitunter Erfolge vor, schmückt sich schon mal mit fremden Federn und kommt selten zur Ruhe. Er kann sich kaum an den Erfolgen seiner Arbeit erfreuen.

An meiner Schule gab es ausgezeichnete Schüler. Zwei fielen durch besonderen Ehrgeiz auf, waren strebsam und entsprechend erfolgreich. Ich habe sie beneidet, da ihnen alles so leicht von der Hand ging. Sie kannten angeblich weder Prüfungsängste noch Versagensgefühle. Um so erschrockener war ich über ihren weiteren Lebensverlauf. Der eine versackte völlig im Alkohol; der andere lief geistig gestört durch die Straßen. Beide waren unfähig, sich dem praktischen Leben zu stellen. Umgekehrt erlebe ich es immer wieder, daß lernschwierige Schüler, die sich gerade noch durchs Abitur zwängen konnten, später im Beruf wie im Leben beste Erfolge aufweisen. Manchmal geschieht auch dies aus einer Kompensation heraus: Sie holen auf, um die Etikette des einstmals schlechten Schülers ein für allemal loszuwerden.

Hoher Ehrgeiz, außerordentliche Arbeitsfähigkeit sowie ungebremste Schaffenskraft können mitunter dazu dienen, irgendeine körperliche Schwäche oder geforderte Verzichtleistung auszugleichen. Es ist bekannt, daß geschlechtliche Impotenz oder ein anderer körperlicher Mangel oder widrige Lebensumstände mit besonderen Leistungen beruflicher oder sozialer Art kompensiert werden. Der Betreffende legt seinen ganzen Ehrgeiz in ein künstlerisches Hobby oder in sportliche Leistungen. Solange er sich dabei nicht verliert, bleibt dieses Arrangement sehr wünschenswert.

Von Napoleon wissen wir, daß er kleinwüchsig war, was er gar nicht mochte. Da er aber seinen Körperbau nicht beeinflussen konnte, glich er diesen Mangel durch enorme militärische Leistungen aus. So konnte er gewiß sein, daß man ihn zwar einen »Zwerg« nennen mochte, aber niemals einen schlechten Kriegsherrn. Damit konnte er leben. Allerdings kann man diese Form aggressiver Kompensation, die anderen Unglück brachte, kaum gutheißen.

Im religiösen Bereich ist die Gefahr bekannt, durch eigene fromme Leistungen den Himmel verdienen zu wollen. Wohlgemerkt: Ich verurteile nicht die Frömmigkeit, auch nicht viele Gebete oder Opfer; das Motiv ist wichtig: Weshalb tue ich es? Will ich meinen bedrohlichen Gott gnädig stimmen? Das wäre fatal, da Gott nicht bedrohlich ist, sondern immer gnädig. Will ich stellvertretend für andere ein bißchen mehr tun, um ihnen Gutes zukommen zu lassen? Darüber ließe sich reden. Ich denke, ein solches Verhalten zeugt von Solidarität und selbstlosem Einsatz. Will ich in ehrgeiziger Leistungsfrömmigkeit meine Schuld abbüßen, um der vermeintlichen Hölle zu entgehen? Dann stimmt das Gottesbild schon wieder nicht; denn Gott schickt keinen in die Hölle; sondern der Mensch sich selber. Und außerdem wünscht Gott lediglich die aufrichtige Reue, nichts sonst. Wer sich aber selber nicht verzeihen kann, läuft Gefahr, durch Übertreibung des Gutgemeinten einen Ausgleich zu schaffen und dabei möglicherweise gesundheitliche Schäden davonzutragen.

Ich erhalte gelegentlich Protestbriefe gegen diese Meinung und werde darauf hingewiesen, daß Gott sehr wohl strafe und auch religiöse Bemühungen fordere. Deshalb betone ich noch einmal, worauf es ankommt: Gott will in erster Linie Vertrauen in seine Barmherzigkeit, die er schenkt, sobald einer seine Schuld bereut. Er verlangt dafür aber keine Opfer (Ps 51). Wenn einer Buße tut, um Gott zu besänftigen, liegt sein Motiv schief; denn Gott ist kein heidnischer Moloch, dem man Opfer bringen muß. Tut es einer aus Liebe zu Gott (nicht aus Angst vor der Strafe) und maßvoll, ist dagegen nichts einzuwenden.

Jakobus mahnt im 3. Kapitel seines Briefes, nicht aus Ehrgeiz die Wahrheit zu verfälschen oder zu prahlen (Vers 14). »Wo nämlich Eifersucht und Ehrgeiz herrschen, da gibt es Unordnung und böse Taten!« (Vers 16) In der Tat sind diese beiden Eigenschaften Hauptmotiv der meisten zwischenmenschlichen Auseinandersetzungen und kriminellen Machenschaften. Die Grenzziehung zwischen Eifer (Fleiß), Zielstrebigkeit (Entschlossenheit) und krankhaftem Ehrgeiz (Ichsucht) ist schwer zu ziehen. Entscheidend sind Motiv, Maß und Methode und die Reaktion der Umwelt: Leidet die Familie darunter? Geht der Eifer auf Kosten der sozialen Beziehungen? Streikt der Organismus?

Der Christ weiß sich von Gott begabt, geführt und erlöst. Da muß er nicht in übertriebener Eigenregie alles selber machen. Gott wird das vollenden, was wir in unvollkommener, begrenzter Weise begonnen haben; selbst den Scherbenhaufen am Ende eines Lebens wird er in seiner unendlichen Liebe annehmen, wenn wir ihm diesen vertrauensvoll hinhalten.

Höre, was ich nicht sage, aber durch meinen übertriebenen Eifer erreichen will: Lob und Anerkennung.
Ich möchte der Welt zeigen, was in mir steckt. Keiner soll mich unterschätzen oder für dumm halten.
Im Grunde verberge ich mit meinem hohen Ehrgeiz, den ich natürlich für eine lebensnotwendige Zielstrebigkeit halte, meine tiefliegende Angst vor der Ungesichertheit des Lebens. Ich brauche Polster des Erfolgs, des geistigen und materiellen Besitzes. Daß ich in meinem Eifer übertreibe, mag ja stimmen; aber es hilft mir, mich selber anzunehmen und ein gutes Lebensgefühl zu bekommen.
Lieber am Zuviel sterben als am Zuwenig. So ist das Leben nun einmal.

Ungeduld

Eine meiner ambivalenten Eigenschaften ist die Schnellig-keit meines Handelns. Sie ist deshalb ambivalent, weil nicht immer klar ist, ob sie Ausdruck einer »kreativen Unruhe« oder einfach Zeichen von Ungeduld ist. Seit ich denken kann, bin ich rasch in meinen Entschlüssen und Handlungen, kein Freund langatmiger Diskussionen und zögerlicher Entscheidungen. Ich gestehe, daß ein Großteil dieser Zügigkeit der Ungeduld entstammt. Manchmal ko-stete mich diese Voreiligkeit mehr Zeit als ich zu gewinnen glaubte. Und nichts trifft auf mich so sehr zu wie der chine-sische Spruch: Wer einen weiten Weg zu gehen hat, soll nicht laufen.

Andererseits bringt diese Eilfertigkeit, die nicht mit Hektik verwechselt werden darf, auch positive Resultate: Erledigungen kommen rasch vom Tisch, Entscheidungen werden nicht hin und her geschoben, Arbeiten werden baldmöglichst erledigt, teure und lästige Mahnungen bleiben aus.

Wie aber zeigt sich nun die negative Seite der Unge-duld? Sie hat viele Gesichter: Der eine vermag nicht zuzu-hören und fällt dauernd ins Wort; der andere wird aggres-siv, wenn man ihn zu lange warten läßt; wieder ein anderer steht eine Beziehung nicht durch, weil er die Zeit der Wer-bung und des Kennenlernens nicht abwarten kann.

Wer nie gelernt hat, in Ausdauer an einer Aufgabe zu sitzen, weil andere diese Aufgabe für ihn gelöst haben (vielleicht konnten sie selber nicht warten), mag sich für die rasche Lösung entscheiden: abschreiben oder aufge-ben. Mancher gibt auf kurz vor dem Ziel und bereut es später. Wir wissen, daß viele Entdeckungen und geniale Erfindungen nur der Beharrlichkeit und Ausdauer zu ver-danken sind.

Es gibt derzeit einen auffallenden Trend zur Sofortbe-friedigung. »Noch heute« und »Greifen Sie rasch zu« und »Zögern Sie nicht« sind bekannte Worte aus der Werbung.

Viele junge Menschen haben nicht gelernt, sich zur Erreichung eines hohen Ziels Zeit zu nehmen und abzuwarten, bis »die Stunde gekommen ist«. Sie wollen sofort Erfolge sehen. Weitsichtige Planungen sind heute kaum möglich, da sich die Verhältnisse in dieser schnellebigen Zeit morgen schon ändern können. »Als Gott die Zeit schuf, hat er von Eile nichts gesagt«, lautet ein bekannter Aphorismus. Es scheint, daß uns die zeitsparenden Transportmittel zur Hektik verführen.

Ungeduldige Menschen sind meist auch ängstlich und mutlos. Wenn nicht alles sofort gelingt, resignieren sie. Der Spruch »Vater werden ist nicht schwer, Vater sein dagegen sehr« weist auf die Problematik der Kindererziehung hin. Weil Partnerschaft, Elternsein und Erziehung viel Geduld erfordern, gibt es so viele Versager. Einen Menschen für ein kurzes Liebesabenteuer zu erobern, ist kein Kunststück. Darin gleichen sich alle Don Juans, daß sie die Geduld für eine dauerhafte Beziehung nicht aufbringen, weil sie nur am raschen (sexuellen) Erfolg und an sich selber interessiert sind.

Wie reagieren Eltern auf ihre schreienden Kleinkinder? Wie Lehrer auf langsam lernende Schüler? Wie Betende auf den schweigenden Gott? Und was tun Autofahrer inmitten eines Verkehrsstaus? Schließlich die Testfrage für uns alle: Wie verhalten wir uns in Gesprächen, vor allem, wenn die anderen umständlich und endlos reden? Die Gesprächsfähigkeit wird nicht durch viele Worte oder geschicktes Argumentieren bewiesen, sondern durch aktives und geduldiges Zuhören.

Der Vater liest gerade die Zeitung. Das Kind fragt immer dazwischen, was den Vater nervös macht.

> *»Vati, wenn ich groß bin, muß ich dann auch Zeitung lesen?«*
> *»Natürlich.«*
> *»Warum?«*

82

»Wenn man groß ist, liest man Zeitung. Man muß sich informie-ren«, entgegnet der Vater kurz angebunden.

»Was ist informieren?« will das Kind wissen.

»Darüber reden wir ein anderes Mal, ich muß jetzt le-sen.«

»Warum kannst du nicht lesen, wenn ich mit dir spre-che?«

»Weil mich dein Gerede stört. Sonst lande ich noch im Irren-haus.«

»Mußt du da auch Zeitung lesen?«

»Nein, nein, verdammt, da gibt es keine Zeitung!«

»Au fein, Vati, da komme ich dich besuchen, und dann können wir miteinander reden.«

Der gute Gesprächspartner hört auch das, was der andere nicht direkt, aber zwischen den Worten sagt. Wie viele Leute fallen einem ungeduldig ins Wort und gehen dann nicht einmal auf das vorher Gehörte ein. Sie haben sich ihre Worte zurechtgelegt, während der andere noch sprach und platzen unvermittelt hinein. Ich habe fast das Empfin-den, daß der Ausspruch von Descartes »Ich denke, also bin ich« verdrängt wird durch die Selbstbestätigung: »Ich *rede*, also bin ich!«

Rasche Sprech- und Handlungsweisen müssen nicht zwangsläufig Symptome von Ungeduld sein. Es gibt schnellsprechende Menschen, die deshalb ein so flottes Mundwerk haben, weil sie schnell denken. Die Gedanken eilen ihrem Tun so rasch voraus, daß sie bis zu dreimal so schnell reagieren wie der durchschnittliche Mitmensch. Warum das so ist, läßt sich nur vermuten. Forscher glauben, daß hier mehrere Faktoren zusammentreffen: Mentalität, hormonelle Disposition, Schaltfähigkeit der Synapsen (cerebrale Steuerung), Training. Die »Hektik«, die so mancher Zeitgenosse verbreitet, offenbart sich mit-unter eher als eine schöpferische, künstlerische Unruhe, wie wir sie von Gisela Schlüter, Otto Waalkes und vielen Kabarettisten kennen. Sie benötigen viel Geduld für die

Erstellung ihrer Texte. Es ist also nicht zutreffend, einen Menschen pauschal für ungeduldig zu halten, der vielleicht nur in einem Punkt Probleme hat.

Wir alle werden täglich sehr belastet. Da kann einem schon einmal der Geduldsfaden reißen. Interessant ist nun die Feststellung, daß nicht alle auf Streß gereizt und ungeduldig reagieren, sondern nur diejenigen, die auch sonst dazu neigen. Es gibt auch die andere Gruppe, die unter starken seelischen und nervlichen Belastungen ganz still wird und alles in sich hineinfrißt. Was hier Ausdruck einer depressiven Reaktion ist, halten andere vielleicht für das beneidenswerte Phlegma, das ihnen abgeht. Doch »gemütliche« Menschen sind keineswegs immer gemütlich; ihre Langsamkeit und Behäbigkeit darf nicht verwechselt werden mit der Ruhe und Gelassenheit eines erleuchteten Meisters. Nach außen hin mögen sie friedlicher erscheinen. Ob quirlig oder gemütlich, es bleibt eine Frage des Stoffwechsels. Ungeduldig können sich beide zeigen. Nur auf verschiedene Weisen.

Nichts kann einen betenden Menschen in seinem Gottvertrauen dermaßen prüfen wie unerhörte Gebete. Daß mancher eine sofortige Gebetserhörung erfährt und andere durch Jahrzehnte geduldig für ein Anliegen beten, wird wohl immer eine Diskussion wert sein. Tatsächlich aber weiß jeder betende Mensch genügend Beispiele dafür, daß letztlich seine Nöte immer zur rechten Zeit geheilt worden sind. Ich sage nicht: beseitigt. Und immer wieder müssen wir lernen, daß es »für alles eine Zeit gibt« (Pred 3), die unsere Geduld, sprich: Vertrauen, erfordert. Nur der vertrauende Mensch bringt die nötige Geduld auf zu warten, bis sich seine Träume und Sehnsüchte erfüllt haben. Die Vollendung steht für jeden noch aus. Aber wir Menschen meinen immer, wir müßten uns Gottes Liebe verdienen. Wir mühen uns dafür ab und erwarten in Ungeduld die Belohnung.

Im Neuen Testament steht nichts über die Ungeduld geschrieben, obgleich man sich denken kann, daß die Apostel, allen voran Petrus, so manches Mal voller Ungeduld auf das energische Einschreiten Jesu gewartet haben. Die Übersetzer haben den Begriff »Ausdauer« gewählt, der meist im Zusammenhang mit dem Beten genannt wird.

Hiob, der leidende Gerechte, gibt seine Ungeduld zu angesichts des schweigenden Gottes, der ihn so leiden läßt, während »die Frevler noch am Leben sind, alt und rüstig und gesund!« (21,4–7). Ich halte es für heilsam, seine Ungeduld vor Gott zu bringen und in ihr nicht zu vorschnell ein Zeichen mangelnden Glaubens zu sehen. Gewiß ist es wünschenswert, sich in der Tugend der Ausdauer und Beharrlichkeit zu üben, aber wer wird damit schon fertig?

Höre, was ich nicht sage, aber durch meine raschen Themenwechsel und sofortigen Wunscherfüllungen, durch mein Hineinplatzen ins Wort verrate: Ich kann schlecht warten.
Zeit ist kostbares Gut, und wer mich unnötig warten läßt, stiehlt sie mir. Dann werde ich aggressiv, ungeduldig, breche ab oder resigniere. Manchmal weiß ich nicht, ob diese innere Unruhe körperlich begründet ist. Sie hat auch Vorteile: Ich komme schneller zum Ziel als andere, gewinne mehr Zeit. Beharrlichkeit zeige ich nur dann, wenn das zu erreichende Ziel es wert ist; es kostet mich jedoch viel Energie.

Unentschlossenheit

In meiner Praxis begegne ich sehr häufig Menschen, die unter einem Mangel an Entschlossenheit leiden und dadurch oftmals Chancen vertun und den Anschluß verpassen. Sie gleichen der berühmten Ziege, die zwischen zwei oder mehreren Grashaufen wählen kann, aber vor lauter Entschlußunfähigkeit verhungert. Ich denke, jeder von uns kennt solche Momente, wo er sich mit seiner Wahl schwertut aus Angst vor einer möglichen Fehlentscheidung. Häufen sich derartige Entscheidungsblockaden, muß man einen tieferen Konflikt annehmen, etwa eine Abhängigkeit von den Eltern oder vom Ehepartner. Typisch für diese Menschen ist auch ihre Unkenntnis über ihre Vorzüge, ihre Zielvorstellungen oder ihre religiösen Inhalte. Haben sie sich zu einem Entschluß durchgerungen, tritt sofort der Zweifel auf den Plan.

Schüler und Studenten wissen davon ein Lied zu singen. Wie oft kommt es vor, daß sie bei Prüfungsarbeiten spontan auf eine Lösung kommen, die sie dann wieder in ihrer Unsicherheit verwerfen, um später festzustellen, daß jene erste Lösung die richtige war. In der Tat haben sich die spontanen ersten Gedanken und Entscheidungen meist als die richtigen erwiesen.

Unentschlossene Menschen suchen übertrieben oft Rat bei anderen; sie wollen der eigenen Verantwortung enthoben sein, können aber dann sehr ärgerlich und schuldzuweisend reagieren, wenn sich der eingeholte Rat als falsch herausstellt.

Ich werde mich hüten, auf die Bitte um konkrete Ratschläge eine konkrete Antwort zu geben, weil damit fürs erste zwar dem Betreffenden geholfen ist, er aber auf Dauer von mir abhängig wird. Die bessere Hilfe besteht darin, den Ratsuchenden selber die Antwort finden zu lassen. Dazu ist es erforderlich, sein Selbstvertrauen und den Lebensmut zu wecken; denn die Möglichkeit zu falschen Entscheidungen ist letztlich nie auszuklammern.

Manche Erzieher regen sich furchtbar auf, wenn Kinder Fehler machen und hemmen in ihnen so den natürlichen Hang zur Kreativität und Originalität. Wer mehrmals bestraft wurde für seinen Irrtum, wird künftig sehr vorsichtig, wenn nicht gar ängstlich zu Werke gehen. »Ich hätte das an deiner Stelle ganz anders gemacht«, ist ein häufig zu hörender Satz. Bemerkungen dieser Art säen Zweifel an sich selbst und hemmen die Entfaltung des Ichgefühls. Selbstverständlich kann ich einen Rat und eine Entscheidungshilfe geben; gerade der junge Mensch oder der Erwachsene, der sich auf einem neuen Berufsfeld befindet, ist auf Unterstützung angewiesen. Doch muß das Recht auf eigene Entscheidung gewahrt bleiben. Dies ist es dann, wenn ich dem anderen Vertrauen in seine Entscheidung schenke, auch wenn ich selber eine ganz andere Wahl treffen würde.

In bürokratischen Angelegenheiten erleben wir besonders oft und schmerzlich die Unfähigkeit zu großzügigen und gerechten Entscheidungen. Abgesehen von den unzähligen Paragraphen und Klauseln, die der Absicherung dienen sollen, eher aber Entscheidungen erschweren, kommt noch die persönliche Entscheidungsproblematik des Beamten hinzu. Hier ein Beispiel: Ich ging zu einem Beamten der Stadtverwaltung T., um die Genehmigung für die Aufführung eines Konzerts auf dem Marktplatz einzuholen. Eine Gruppe junger christlicher Musiker wollte dort am Vormittag des Pfingstsonntags auftreten. Am Schalter entwickelte sich folgender Dialog:

Müller: *Ich wollte Sie bitten, für Pfingstsonntag eine Genehmigung zu erteilen. Es geht um eine Konzertaufführung auf dem Marktplatz.*
Beamter: *Da könnte ja jeder kommen!*
Müller: *Ich verspreche Ihnen, es kommt nicht jeder. Ich bin allein gekommen, um Sie zu bitten, dieses Konzert möglich zu machen.*
Beamter: *Und wie stellen Sie sich das vor?*

Müller: *Im Grunde sehr einfach. Die Gruppe ist verantwortlich für eine vorschriftmäßige Kabelverlegung und für die Sauberkeit danach. Ich selber bürge für einen ordentlichen Ablauf der Veranstaltung.*

Beamter: *Sie haben gut reden. An Pfingsten gab's noch nie Konzerte auf dem Marktplatz. Was glauben Sie, was da an Protesten kommt!*

Müller: *Die Mehrheit der Bürger hat nichts gegen schöne Musik. Wir sollten den Versuch starten. Danach werden wir sehen.*

Beamter: *Ich muß meinen Kopf hinterher hinhalten. An mir bleibt alles hängen. Sie stellen sich das alles zu einfach vor.*

Müller: *Warum sehen Sie alles so schwarz? Es könnte ja auch ein voller Erfolg werden.*

Beamter: *Sie haben Nerven. Hinterher kriege ich den Ärger.*

Müller: *Wir beide werden das mit Bravour überleben.*

Das Geplänkel ging noch einige Minuten so weiter. Mir wurde klar, daß sich der Beamte in einer Zwickmühle befand. Die Angst vor den Konsequenzen einer Fehlentscheidung bereitete ihm sichtlich große Qualen; andererseits schien er geneigt, meine Bitte zu erfüllen. Alles lag nur noch an meiner Überzeugungskraft. Als ich meine guten Beziehungen zum Oberbürgermeister ins Feld zog, gab er nach: »Also gut. Aber auf Ihre Verantwortung« und drückte mit der ganzen Kraft seiner übriggebliebenen Energie seinen Stempel auf das Papier. (Das Konzert ist übrigens sehr gut angekommen.)

Die Unentschlossenheit zieht sich bei vielen Bürgern durch das ganze Leben. Und immer ist es die Angst vor dem Fehler, vor dem Prestigeverlust, vor dem Unbekannten. Andererseits fragt mancher hundert Leute um Rat, obwohl sein Entschluß längst feststeht. Er will sich lediglich absichern, sozusagen das Entscheidungsrisiko teilen. Schon die suggestive Fragestellung läßt diese Absicht erahnen: »Meinen Sie nicht auch, daß das Aufbaugymnasium für meinen Sohn das beste wäre?« – »Ich halte die

Geschäftserweiterung für dringend erforderlich. Gerade jetzt. Was sagen Sie dazu?« – »Ich sehe nur noch die Möglichkeit einer Scheidung. Und da ich Sie für einen sehr offenen und lebensbejahenden Menschen halte, frage ich Sie um Rat.« Ist der Gefragte anderer Ansicht, muß er damit rechnen, daß der Ratsuchende sich enttäuscht über ihn äußern wird und künftig nicht mehr kommt. Es ist also auch für den Ratgeber nicht einfach, unliebsame Empfehlungen zu geben.

Viele Menschen haben Schwierigkeiten, originell zu sein, das heißt authentisch zu leben und Entscheidungen zu treffen, die auch gegen Konventionen gehen. Sie leben angepaßt und unauffällig, zugleich die schöpferischen und daher eher auffallenden Mitmenschen beneidend. »Was denken denn die Leute von mir« ist eine typische Frage aus dem Mund jener, die ihre Entschlüsse nach der statistischen Norm fällen.

»Wo kämen wir hin, wenn alle das täten?« fragen manche. Ja, verehrter Leser, haben Sie einmal darüber nachgedacht, wo wir hinkämen, wenn wir das alle täten? Ich verspreche Ihnen: Es tun nicht alle. Und wir kommen auch nicht hin. »Da könnte ja jeder kommen!« Tatsächlich? Ich sage es Ihnen auf den Kopf zu: Es kommt nicht jeder! Leider.

Eine junge Frau will sich nicht für ein Leben mit Gott entscheiden. Sie lebt in der Vorstellung, daß Gott von ihr viele Opfer und Verzichtleistungen abverlangt, wenn sie ihr Leben ändert. Der Gedanke, zur Umkehr sei ja immer noch Zeit, hält sie völlig gefangen. So macht sie die Entscheidung abhängig von irgendeinem phantasierten Ereignis, das ihre Umkehr endgültig einleiten werde. Sie verhält sich passiv und überläßt dem Schicksal alle weiteren Schritte.

Ein Mann kann sich nicht dazu aufraffen, seine Verlobung aufzulösen. Er hegt die fatale Hoffnung, daß mit der Heirat alles anders und besser werde. Seine Verlobte ist alkoholsüchtig geworden, was er jetzt im Zustand einer gewissen Verliebtheit herunterspielt. Gleichzeitig ist da die andere Stimme in ihm, die ihm zur Trennung rät. Andererseits fühlt er sich als Christ gebunden...

Gewiß tun wir uns schwer, auf liebgewordene Dinge, Gedanken, Menschen verzichten zu müssen. Schlimm wird es, wenn wir weder auf das eine noch auf das andere verzichten wollen.

Die Unentschlossenheit verschwindet dann, wenn ich mich von festgefügten Rollenerwartungen lösen kann, wenn ich meinem inneren Anruf gehorche, jenem spontanen Impuls, den ich im Gebet von Gott reinigen lassen kann. Aber Vorsicht: Es geht nicht darum, *jedwedem* ersten Impuls zu folgen und so zum Sklaven der augenblicklichen Gefühle und Bedürfnisse zu werden. Das hieße: Launenhaftigkeit, Unberechenbarkeit. Jede Entscheidung bedarf der Prüfung und Abwägung: Ist sie gut, nützlich, wahr?

Jede Entscheidung ist ein Verzicht. So ist unser Leben ein fortwährendes Verzichten auf all die anderen, nicht gewählten Möglichkeiten. Am Ende wird sich dann herausstellen, daß ich nicht verloren, sondern gewonnen habe, selbst wenn meine Entscheidungen falsch gewesen sein sollten. Ich setze voraus, daß jeder Entschluß nach bestem Wissen und Gewissen gefällt wurde.

Das Thema »Entscheidung« ist ein biblisches Thema. Es geht in der Heiligen Schrift stets um die Entscheidung für Gott, für den Armen, den Verfolgten, den Schwachen, den Ausgebeuteten, den Kranken, den Sünder. »Niemand kann zwei Herren dienen« (Luk 16,13) sagt Jesus. Und »weil du aber lau bist, weder heiß noch kalt, will ich dich aus meinem Mund ausspeien« (Offb 3,16). Der Prophet Elias bemerkt, daß das Volk Israel unentschlossen zwischen dem wahren Gott Jahwe und dem Götzen Baal hin und her schwankt. Schließlich ruft er das Volk zur Entscheidung auf: »Wie lange noch wollt ihr auf beiden Seiten hinken? Ist Jahwe der Gott, so folget ihm nach. Ist es aber Baal, so folget ihm nach!« (1 Könige 18,21).

Wer für sich selbst die richtige Entscheidung gefällt hat, wird sehr bald inneren Frieden spüren, eines der wichtigsten Kriterien zur Unterscheidung der Geister.

Höre, was ich nicht sage, aber durch meine Zögerlichkeit ausdrücke:

Ich habe Angst vor einer falschen Entscheidung; ich will nicht die Konsequenzen dafür tragen und frage lieber hundert Leute um Rat.

Bisher hatten andere für mich Entscheidungen gefällt; ich hege ständig Zweifel an der Richtigkeit meiner Wahl.

Was passiert, wenn sie falsch ist?

Im Grunde stehe ich nicht zu mir selber.

Ich weiß, daß man nicht alles im Leben absichern kann. Aber sobald die eine Entscheidung getroffend ist, tauchen plötzlich Argumente zugunsten der anderen Entscheidung auf.

Ich brauche einfach mehr Mut zum Hören auf meine innere Stimme.

Vorurteile

Jedermann sollte wissen, daß Frauen nicht dümmer sind als Männer, daß Schwarze nicht sexuell potenter sind als Weiße und daß Zigeuner keine größeren Diebe sind als Nichtzigeuner. Und dennoch geistern solche und ähnliche Meinungen immer noch unausrottbar in den Hirnen vieler Menschen herum. Wie kommt es, daß sich stereotype, negative Vorstellungen über andere Gruppen, Rassen und Gesellschaftsschichten so hartnäckig halten können, wo sie doch längst als sachlich falsch widerlegt wurden?

Nehmen wir einmal an, Sie setzten ein Zeichen besonderer Großzügigkeit und christlicher Nächstenliebe und gewährten einem arbeitslosen Mann eine kostenlose Unterkunft. Von dem Vorurteil Ihrer Bekannten, Arbeitslose seien diebisch, wollen Sie nichts wissen. Es dauert nicht lange, da vermissen Sie in Ihrem Keller einige Flaschen Wein. Natürlich fällt der Verdacht auf den Mann, keine Frage. Und es wird kaum möglich sein, den Beweis anzutreten, daß dieser Verdacht nichts mit dessen Arbeitslosigkeit zu tun hat. Das Vorurteil, genährt von den Unkenrufen der Bekannten, beginnt zu wirken. Ist der Mann als Dieb überführt, fühlen sich Ihre Bekannten in ihrem Urteil einmal mehr bestärkt. Und nichts auf der Welt wird sie eines Besseren belehren können, weil nämlich die sachliche Argumentation allein nichts ausrichtet. Vorurteile sind weniger Merkmale einer Person, sondern Ausdruck einer Beziehung zu anderen Menschen oder Gruppen. Sie decken eine gestörte *Beziehung* zwischen verschiedenen Gruppen auf, was sich in der diskriminierenden oder aggressiven *Meinung* über sie verrät.

So sind die immer wieder zu hörenden Bemerkungen über die geldgierigen Juden oder über die weniger intelligenten Schwarzen nur vorgehaltene Scheinargumente, hinter denen sich Haß, Neid und Angst verbergen. Um solche Falschmeldungen aus der Welt schaffen zu können, müssen die sozialen Beziehungen untereinander analysiert und verbessert werden. Es überrascht auch nicht, daß Vorurteile eine prägende Kraft haben: Wir verhalten uns entsprechend den Erwartungen des anderen. Das, was wir wahrzunehmen glauben, bestimmt unser Verhalten: Wir präsentieren uns unseren Bewunderern ganz anders als unseren Kritikern. So wirken wir auf die einen anziehend und auf die anderen nicht. Auch verhält sich ein Mensch aus einer stigmatisierten (also geächteten) Gruppe oft unbewußt entsprechend unseren Vorstellungen, weil er die Klischeevorstellung über sich und seine Gruppe verinnerlicht hat. Mit anderen Worten: Wer immer wieder zu hören bekommt, er sei ein Dieb, wird eines Tages tatsächlich stehlen. »Ihr habt mich zu dem gemacht, was ich geworden bin«, klagte ein junger Mann seine Verwandten an, die ihm jahrelang eingeimpft haben, er tauge zu nichts. Er war ein unerwünschtes Kind, wurde nicht gefördert und kämpfte vergeblich um Anerkennung und Liebe.

Vermutungen beeinflussen die Beobachtung. Beobachtung führt zur Überzeugung. Überzeugung schafft Erfahrung. Erfahrung erzeugt Verhalten. Das Verhalten bestätigt die Vermutung.

Albert King, Professor für Management an der Northern Illinois University, führt ein Experiment durch, das die Wirkung von Vorurteilen in deutlicher Weise zeigt: Er behauptete einem Ausbilder gegenüber, fünf seiner Lehrlinge hielte er für besonders fähig. Obwohl diese fünf Personen von ihrem Glück nichts wußten, kam es bei ihnen zu wesentlichen Leistungsverbesserungen allein dadurch, daß der Ausbilder diese Burschen entsprechend seiner Erwartung behandelte. Das bemerkten die anderen Lehrlinge und wählten diese fünf zu ihren beliebtesten Arbeitskollegen.

Die Angst, am Arbeitsplatz verdrängt zu werden oder auf gewisse Privilegien verzichten zu müssen, führt bei manchen Personen zu Aggressionen gegenüber jenen, die auf ihren Arbeitsplatz oder auf die Privilegien schielen.

Dabei sind Menschen aus anderen Gruppierungen, also Ausländer, Andersfarbige oder Andersdenkende, bevorzugte Feindobjekte. In der Argumentation gegen diese Menschen werden aber kaum solche Angst- oder Neidgefühle zur Sprache gebracht, sondern stets Sachgründe. Dagegen kommen Informationen und guter Wille allein nicht an. Hier müssen das zugrundeliegende familiäre Umfeld, die versteckten und verschlüsselten Existenz- und Verlustängste aufgedeckt werden, soll jemals eine Veränderung des Denkens stattfinden. Und selbst dann bleiben viele Vorurteile resistent. In meinen Jugendjahren glaubte ich, daß südländische Menschen fauler seien als wir. Durch meine vielen Reisen und Bekanntschaften mit diesen Leuten mußte ich sehr bald meinen Irrtum erkennen und verabschieden. Es gibt religiöse, kulturelle und soziologische Eigenarten, die die Andersartigkeit begründen. Niemand schneidet aufgrund einer bestimmten Rassen- oder Volkszugehörigkeit am Ende moralisch besser oder schlechter ab, auch wenn unser Urteil schon vorher feststeht.

Vorurteile und Verallgemeinerungen sind gruppenfördernd. Sie vereinfachen das Bild vom anderen, stärken das Wir-Gefühl einer ähnlich denkenden Gruppe und bieten dem Einzelnen eine »legitime« Möglichkeit zur Abfuhr von Aggressionen. Der andere wird zum Feind, in den ich meine eigenen verbotenen Wünsche und Gedanken hineinprojiziere, um ihn dann »fertigzumachen«.

Je ungebildeter einer ist, desto häufiger bedient er sich der Vorurteile, wobei sich die Bildung nicht unbedingt auf die rationale Ebene beziehen muß (also Aus-Bildung, Wissen). Es gibt nämlich genügend Menschen, die zwar eine geringe gesellschaftliche Bildung haben, zu den sogenannten »einfachen« Bürgern zählen und dennoch nicht den gängigen Vorurteilen erlegen sind. Sie handeln tolerant, versöhnlich und sozial; es spielt keine Rolle, wer vor ihnen steht. Diese Fähigkeit stammt vornehmlich aus ihrer Herzensbildung, die wiederum der geistlichen Ebene zuzuordnen ist.

Vorurteile waren von jeher beliebte Mittel zur Ausrottung von Störenfrieden. »Wenn der Tiber über die Ufer tritt, wenn der Nil die Felder nicht bewässert, wenn der Himmel sich nicht rührt, wenn eine Hungersnot ausbricht, wenn Seuchen ausbrechen, der Schrei ist immer derselbe: Die Christen vor die Löwen!« Das schreibt Tertullian im 2. Jahrhundert nach Christus. Feindbilder sind wichtig zur Rechtfertigung von Gewalt; sie dienen der Emotionalisierung gegen den Feind und zur Einigung der Bevölkerung um einen Führer, dem sie kritiklos folgt.

Vorurteile werden von der Angst genährt. Mitunter sind sie nichts anderes als Verallgemeinerungen einer einzigen negativen Erfahrung. Gelegentlich beruhen sie auf einer falschen Deutung oder auf einer Projektion der eigenen aggressiven Impulse. Wenn sich einer nicht mag, wird er kaum annehmen, daß andere ihn mögen. Er wird stets Beweise seiner Vermutung suchen, ähnlich dem Eifersüchtigen, der mißtrauisch geworden ist, weil er zu oft abgelehnt wurde.

Untersuchungen ergaben folgende Erkenntnisse: je stärker die Anerkennung von Autoritäten, je ausgeprägter Unterwürfigkeit und Führerorientierung ist, desto auffallender die Angst vor der Zukunft, desto ausgeprägter auch die Vorurteilsbereitschaft. Daß sich unter ihnen auch religiöse und »fromme« Menschen finden, mag vielleicht verwundern, doch Religiosität allein ist noch keine Garantie für das Freisein von vorurteilsvollem Denken. Es kommt auf die Liebe und Versöhnlichkeit, auch auf die Akzeptanz der eigenen Schwächen und Versäumnisse an, die einer lebt. Nicht das Traditionschristentum verhilft zu einem erlösten und erlösenden Glauben, sondern das ganz persönliche Entscheidungschristentum. Heute muß sich jeder Getaufte neu besinnen auf das, was er Glaube nennt; er muß eine zweite Umkehr durchmachen, die natürlich mit einer schmerzlichen Korrektur seines bisherigen Lebens einhergeht. Ohne diese Neu-Orientierung bleibt er der »alte Mensch«, dahintrottend im Fahrwasser einer selbstzufriedenen und egoistischen Abgrenzung von den Armen, den Sündern, den Ungeliebten und Verachteten. Dennoch: Auch der Heilige ist nicht von Rückfällen und Irrtümern befreit. Vor allem muß er sich davor hüten, elitär sein zu wollen. Das beste Mittel gegen Vorurteile ist der ständige Kontakt mit dem anderen, wobei ich selbst bemüht bleiben muß, »in seinen Pantoffeln zu gehen«, das heißt die Probleme aus seiner Sicht zu sehen.

Elitäres Bewußtsein sowie frommes Bemühen, bloß keinen Fehler zu machen, kennzeichnet die Gruppe der Pharisäer, mit denen Jesus tagtäglich in Streit geriet. Ihre Vorurteile gegen Jesus und seine Anhängerschaft führten schließlich zum Todesurteil dessen, den sie hartnäckig und unbelehrbar für einen Gotteslästerer hielten, ja für einen Besessenen, der nur mit dämonischer Hilfe Wunder tun konnte. Nichts konnte sie in ihrer Meinung ändern. Sie wollten auch nicht; denn eine Änderung hätte die Preisgabe ihres unerschütterlichen und in ihren Augen richtigen Standpunktes bedeutet. Sie galten als unfehlbare Gesetzesausleger. Stolz und Hochmut waren die Motive ihres Verharrens. Da konnten auch nicht die Werke Jesu überzeugen, nicht einmal die Auferweckung des Lazarus, die ja als ein besonderer Beweis göttlicher Macht galt. Wie ungeheuer groß mußte die Angst der Pharisäer vor dem Gesichtsverlust beziehungsweise vor der demütigen Unterwerfung unter Jesus gewesen sein, daß sie alles dransetzten, ihre Meinung zu rechtfertigen!

Paulus war vor seiner Bekehrung voller Vorurteile den Christen gegenüber. Er war sozusagen uneinsichtig und blind. So wurde er unmittelbar nach seinem Sturz vom hohen Roß auch physisch blind als Ausdruck seiner geistigen Blindheit. Die Augen wurden ihm buchstäblich erst dann geöffnet, als Hananias, ein Jünger Gottes, ihm betend die Hände auflegte.

Das Heilmittel gegen Vorurteile ist die Liebe. Sie ist zugleich das zentrale Anliegen Jesu, ausgesprochen im dreifachen Gebot der Liebe: »Du sollst den Herrn, deinen

Gott, aus ganzem Herzen lieben..., du sollst den *Nächsten* lieben wie dich *selbst*!« Und es gilt zu bedenken, daß wir letztlich Gott das zufügen, was wir unserem Nächsten antun, vor allem dem Geringsten und sozial Geächteten (vgl. Matthäus 25,40). Es steht und fällt vieles in unserem Leben mit der Art und Weise, wie wir mit unseren eigenen Mängeln umgehen und wie wir Versöhnung praktizieren.

Höre, was ich nicht sage, aber durch stereotype und negative Meinungen über andere zu verstehen gebe: Ich habe Angst, der andere könnte stärker, attraktiver sein und meine Position streitig machen. Ich beneide die Andersartigkeit mancher Menschen, entwerte sie aber durch negative Bemerkungen und bekräftige meine Aussagen mit scheinsachlichen Argumenten. Im Grunde habe ich nie gelernt, zu mir selber ja zu sagen und den anderen anzunehmen als meinen Bruder, meine Schwester. Dabei machen mich religiöse Argumente aggressiv, weil ich nicht gegen sie ankomme. Im Grunde habe ich Angst davor, die Falschheit meiner Meinung zu erkennen und daraus Konsequenzen ziehen zu müssen. Deshalb verharre ich lieber in meiner Denkweise und bemühe mich, immer wieder Beispiele zu bringen, die mein Urteil über andere bekräftigen. Außerdem sind viele meiner Meinung, so daß ich mich bestätigt fühle.

Selbstablehnung

Es gibt auffallend viele Menschen, die sich nicht mögen. Sie grollen ihrem Schöpfer, daß er sie so und nicht anders gemacht hat; sie hegen aggressive Gefühle gegen ihre Eltern, die ihnen erstmals seelische Schmerzen zugefügt haben durch Ablehnung und ständiges Vorhalten ihrer Fehler. So wuchs in ihnen das Empfinden, den Wünschen anderer nicht zu entsprechen, als Versager dazustehen und zu enttäuschen. Dabei kann es durchaus sein, daß jene Eltern ihre Kinder vor Stolz bewahren wollten und deshalb mit Lob und Anerkennung sparten. Doch hat ein solcher Mangel an Anerkennung noch nie vor Stolz bewahren können; im Gegenteil: Die so entstehenden Minderwertigkeitsgefühle sind die schlimmsten Wurzeln des Stolzes. Defizite gieren später nach endloser Wiedergutmachung.

Wer sich ablehnt und ständig Kritik an sich selber übt, bezweckt damit etwas ganz Bestimmtes. Mit seiner Selbstabwertung will er vielleicht den anderen zuvorkommen; so schützt er sich vor dem Schmerz, von anderen bloßgestellt und erniedrigt zu werden. Außerdem ist der Tadel an seiner eigenen Person allemal noch gesellschaftsfähiger als Eigenlob. Der Selbstkritiker gilt als bescheiden und demütig.

Ein anderer behauptet, er sei ein Versager, weil er damit ausdrücken will, daß er keine Verantwortung übernehmen möchte. Er hat Angst, den Anforderungen nicht gewachsen sein zu können und gibt sich mit kleineren Aufgaben zufrieden. Aus diesem Grund lehnen manche durchaus fähige Menschen eine Beförderung ab. Ihr Selbstvertrauen reicht nicht aus für das Wagnis des Neuen. Sie haben Angst davor, ihre Fähigkeiten unter Beweis stellen zu müssen oder den eigenen überhöhten Ansprüchen nicht gerecht werden zu können.

Schließlich hofft jemand, der seine eigenen Qualitäten in Frage stellt, auf Widerspruch. »Fishing for compliments« heißt die Taktik, die so auf bescheidene Weise nach Lob heischt.

Mir geschieht es öfter, daß Menschen, denen gegenüber ich meine Bewunderung aussprechen, ganz überrascht sind und bekennen, daß *ich* es sei, der in ihren Augen Bewunderung verdiene. Ein junges Mädchen gestand mir, wie sehr es sich ablehne und sich gleichzeitig nach Freundschaft sehne. Ihre Suche nach Nähe würde gebremst durch die Angst davor. Sie traue sich nichts zu und habe das Gefühl, daß niemand sich für sie interessiere. Alle Bekanntschaften endeten sehr rasch. Sie sei eben ein Aschenputtel. Als ich sie auf ihre Vorzüge hinwies und darauf, daß die Bekanntschaften wohl deshalb endeten, weil sie unbewußt niemanden an sich heranließe, obgleich großes Interesse da sei, schaute sie mich mit großen Augen an. »Glauben Sie wirklich?« fragte sie hoffnungsvoll. »Aber sicher doch«, antwortete ich, »die jungen Männer fühlen ihre Selbstablehnung und mißverstehen sie als Desinteresse. Wenn Sie nur *schüchtern* wären, würden Sie sogar das Interesse der Burschen wecken; so aber lassen Sie sie Ihre *Selbstverneinung* unterschwellig spüren. Das führt dann genau zu jener Ablehnung, die Sie wiederum als Gleichgültigkeit der Burschen deuten. Der Teufelskreis ist recht simpel: Sie mögen sich nicht und blockieren die Annäherung. Der andere spürt dies und meint, Sie mögen *ihn* nicht.«

Für viele Menschen trifft genau das zu, was ein Patient so formulierte: »Wohin ich auch gehe, immer muß ich mich mitnehmen, und das verdirbt mir jeden Spaß.«

Menschen, die vielleicht aus religiösen Gründen besonders gut und perfekt sein möchten, geraten schnell in Gefahr, zum Superkritiker zu werden. Durch das ständige Abwerten der Leistungen weisen sie unterbewußt auf das eigene hohe moralische Niveau hin und darauf, daß man doch bitteschön nicht von ihrem konkreten Verhalten auf ihre wahre Persönlichkeit schließen darf. Andererseits wird einer, der schon als Kind ständig herabgesetzt wurde, zur Auffassung gelangen, nur durch Akzeptieren und

Praktizieren dieser Kritik könne er noch am ehesten seinen Platz in der Familie und in der Gesellschaft behaupten.

Gerade religiöse Menschen stehen oft im Ruf, sich herabzusetzen, um »Buße« zu tun oder am Ende doch noch eine Aufwertung vor Gott und den Menschen zu erfahren. Sie haben das Wort Jesu »Wer sich erniedrigt, wird erhöht« gründlich mißverstanden. Jesus meinte nicht die Verleugnung der gottgegebenen Gaben und Fähigkeiten; er meinte auch nicht das Sich-selber-schlecht-machen. Im Gegenteil: Er fordert uns auf, das Licht auf den Leuchter zu stellen. Im alttestamentlichen Buch Sirach heißt es: »In aller Demut ehre auch dich selbst und gib das Recht dir, das dir zusteht« (10,28) und »Wer sich selber nichts gönnt, ist anderen eine Last« (14,5). Biblisch meint die Selbsterniedrigung eine Unterordnung unter Gott, ein Zurückstellen der eigenen Person zugunsten eines Schwächeren, ein Verzicht auf Anerkennung dort, wo sie mir zusteht. Dabei gilt die Erkenntnis, daß man im Erfolg noch eher demütig sein kann als im Mißerfolg.

Menschen mit einem geringen Selbstwertgefühl tun sich schwer, andere gelten zu lassen. Sie neigen entweder zu depressiven Reaktionen, die im Selbstmitleid Zuwendung erhoffen oder zu aggressiven Reaktionen, die im Schlechtmachen anderer die eigene Position erheben möchten. Nicht selten sind in der Selbstablehnung masochistische Tendenzen verborgen. Durch Opferbereitschaft und Selbstzerfleischung will der Betreffende seine Lebensberechtigung verdienen. Gleichzeitig sollen latente Schuldgefühle, die hier meistens mitschwingen, kompensiert werden. Mit Christentum hat das alles wenig zu tun; denn zunächst einmal will Gott »keine Opfer, sondern Vertrauen« (Ps 51).

Menschen, die sich selbst ablehnen, neigen dazu, sich ständig mit anderen zu vergleichen und gefällig zu sein. Oft sind sie unterwürfig, dienstbeflissen; mitunter aber auch machtbesessen. Sie haben das Gefühl, nicht liebenswert zu sein, wenn sie nicht enorme Leistungen anbieten.

Doch der wirkliche Christ, der Mensch mit einer gesunden Religiosität und Eigenliebe, ist niemals so selbstlos, bis er sein Selbst los ist. Er gönnt sich was, er ist gut zu sich und den anderen, er steht zu seinen Schwächen und stellt sein Licht auf den Leuchter, ohne zu blenden.

Alle Monsterfilme verraten das Geheimnis des Glücklichseins: Die häßlichste Gestalt und die tolpatschigste Figur werden liebenswert in dem Maß, in dem sie ihre Gefühle zeigen und gut sind. Sie kreisen nicht im Selbstbedauern um sich selber. Sie lieben.

Jesus gibt den Menschen ihre Würde wieder zurück, indem er sie so annimmt, wie sie sind. Sie müssen keine anderen werden, um geliebt zu sein. Und das erst ermöglicht ihre Verwandlung. Und Eigenlob stinkt keineswegs immer.

Höre, was ich nicht sage,
aber durchblicken lasse: Ich mache mich
selber schlecht, um aufgebaut zu werden.
Andererseits habe ich Angst vor dem
Versagen, vor Ablehnungen, und tue alles,
um angenommen zu sein.
Meine Dienstbeflissenheit, meine
Opferbereitschaft und meine hohen
moralischen Ansprüche entstammen einer
tiefliegenden Angst vor Verletzungen
meiner Person. Manchmal mache ich mich
ganz klein, um erhoben zu werden. Ich
mußte als Kind schon immer anders sein,
als ich gerade war. Jetzt weiß ich nicht,
wie ich bin. Deine Annahme und dein
Vertrauen können mich verwandeln.

Rigorismus

Mit der Selbstablehnung geht sehr häufig ein Verhalten einher, das wir Rigorismus nennen. Gemeint ist ein perfektionistisches Denken und Handeln, das großen Wert auf die Beachtung formaler und gesetzlicher Vorschriften legt. Der rigorose Mensch geht weder mit sich noch mit seinen Mitmenschen gut um. Er ist hart und streng, weil er die früher erlittene Härte und Strenge nicht verwinden kann. Er hat sie verinnerlicht und braucht sie zur Erzeugung eines gewissen Selbstwertgefühls. Doch wer seine Schatten nicht wahrhaben und annehmen kann, führt ein Schattendasein. Hier ist die spirituelle Härte gewisser Leistungschristen einzuordnen. Sie gehen nicht gut mit sich um, verlangen von sich selber eine fragwürdige Askese aus Angst vor der Sünde. Sie bestrafen sich selber, weil sie das ständige Empfinden von Schuld und Schmutz haben, natürlich verdrängt und zugedeckt mit dem Mantel einer lebensfeindlichen Frömmigkeit.

Diese Menschen wollen sich durch Selbstentwertung ein moralisch gutes Gefühl verschaffen, wirken aber verbissen und alles andere als froh. Wer Schmerz der frühen Jahre verdrängt, muß alle Gefühle abtöten, um überleben zu können. So rutscht auch sein spirituelles Leben in die Verstandesebene, wo es analysiert, strukturiert, intellektualisiert und pervertiert wird. Es geht dem rigorosen Menschen nicht um die Erfüllung des Willens Gottes, sondern um die ehrgeizige Durchsetzung seines falschen Idealismus. Dieser »asketische Hochleistungssport«, wie Anselm Grün in seinem ausgezeichneten Büchlein »Gut mit sich selbst umgehen« schreibt, dient der Abwehr peinlicher Gefühle und Bedürfnisse, vorrangig der Abwehr sexueller Gedanken oder Wünsche.

Die Angst will durch übertriebene Strenge in Schach gehalten werden. Es ist die Angst vor der Sünde, vor den Fehlern, vor den eigenen Schwächen und Schatten, kurz:

vor der Freiheit und Möglichkeit ihres Mißbrauchs. So gilt die Erkenntnis: Wer seine Gefühle nicht erdulden kann, wird unduldsam.

Intoleranz, Fanatismus und Rigorismus sind Geschwister; ihre Eltern heißen Aggression und Angst. Sie bedienen sich der Strenge nach dem Motto: Gelobt sei, was hart macht. Doch mit christlicher Lebensbejahung oder moralischer Disziplin hat dies nichts zu tun. Die hier zugrundeliegende Lebensfeindlichkeit ist Folge wiederholter seelischer Verletzungen, die nicht ausgeheilt und versöhnt sind, sondern in verbissener Selbstkontrolle in Schach gehalten werden wollen.

Der rigorose Christ kann es nicht erdulden, daß er bei seinen geistlichen Handlungen egoistische Motive entdecken würde. Solches Tun wäre für ihn wertlos und entspräche nicht seinem Idealismus. Jeder, der also Gutes tut, Spenden gibt, Demut übt, Askese lebt und dabei auf Anerkennung schielt, ist in den Augen des Rigorosen nur ruhmsüchtig und von daher abzulehnen. Doch gestattet uns die Weisheit Gottes, gut zu sein einschließlich selbstsüchtiger Motive. Denn wie soll ein Mensch jemals anfangen, vollkommen zu werden, wenn er nicht seine Unvollkommenheit bejaht und »umarmt«. Die Gnade Gottes wird beizeiten dazukommen und auf den krummen Zeilen gerade schreiben. Denn auch Eitelkeit und Ruhmsucht sind am Anfang durchaus hilfreich, weil sie uns antreiben, sogar das Gute zu tun.

Ein Sünder kommt zu einem Mönch und bekennt ihm seine Schuld, die er zwecks Versöhnung mit sich und seinem Gott ein Jahr lang durch strenge Askese abbüßen will. *»Das ist eine sehr lange Zeit«*, seufzt der Mönch. *»Zu lang!«*

»Gut. Dann will ich vier Wochen lang Buße tun«, erwidert der Sünder.

»Das ist sehr lang«, sagt wiederum der Mönch.

»Reichen denn drei Tage?« fragt nun der Sünder.

»Bei Gott«, erwidert der Mönch, *»sind auch drei Tage lang. Um ihn gnädig zu stimmen, brauchst du nur einen Akt ehrlicher Reue zu setzen. Alles andere dient wohl eher dazu, dir ein gutes Gefühl zu verschaffen.«*

Der Mönch hat theologisch durchaus recht. Doch psychologisch ist es verständlich, wenn der Sünder eine Buße auf sich nimmt. Auch wenn wir in diesem Leben unsere Sünden bereuen, sind wir möglicherweise im jenseitigen Leben nicht vom Prozeß der Läuterung befreit. Dennoch ist es nicht Wille Gottes, daß wir uns schlecht machen und hart mit uns selbst umgehen. Wer dies tut, muß sich fragen, ob er dies tatsächlich um Gottes willen tut oder um eines übermenschlichen Ideals willen. Auch der rigorose Mensch fällt dann in Hochmut und muß sich zwangsläufig wiederum ablehnen, weil er seinen eigenen Maßstäben nicht gerecht werden kann.

Die Heilige Schrift bejaht das Leben. Den Bemühungen der Menschen, Gutes zu tun in vollkommener Weise, begegnet Jesus mit den Worten: »Niemand ist gut außer Gott!« (Mk 10,18) Seine Forderung, vollkommen zu sein wie der Vater im Himmel, kann also nicht heißen, fehlerfrei zu sein, sondern ganzheitlich, ungeteilt zu leben. Wir sind gespaltene Wesen, die zwischen Gott und dem Mammon pendeln, zwischen irdischen Süchten und Sehnsüchten nach Gott.

Er selbst lebte die Tugend der Epikie, die es fertigbringt, Gebote außer acht zu lassen, wenn es die Liebe oder Klugheit gebietet. Er lobte sogar den ungerechten Verwalter, der seine Schuld mit anderen teilt. Dieser Mann geht gut mit sich selbst um, obgleich er schuldig wurde. Nur so behielt er seine Selbstachtung. (Vgl. Lukas 16,1–8) Wir müssen nicht unsere Schuldgefühle mit Opfern bewältigen oder durch ständige Selbstzerfleischung abtöten oder durch eine rigorose Art der Lebensgestaltung kompensieren. »Barmherzigkeit will ich, nicht Opfer«, sagt Jesus (Matt 9,13 und 12,7). Er geht mit sich selber gut um und zeigt einen äußerst versöhnlichen, heilenden Umgang mit den Ausgestoßenen und mit den Sündern. Er begegnet den rigorosen Forderungen der Pharisäer mit entsprechender Deutlichkeit und nimmt die angegriffenen Menschen in Schutz. Ihm ist es lieber, daß der Mensch sein Leben wagt auf die Möglichkeit hin, zu versagen und schuldig zu werden, als daß er sich aus Angst vor einer Verfehlung zu einem lieblosen und leblosen Gesetzeshüter entwickelt.

Höre, was ich nicht sage, aber durch meine rigorose Art und Härte gegen mich selbst ausdrücke:
Ich habe Angst vor Fehlern. Ich kann mich nur annehmen, wenn ich perfekt alles erfülle, was meinem hohen Ideal entspricht. Zugleich leide ich darunter und sehne mich nach dem, was ich verurteile: die Freiheit und die Großzügigkeit, die Toleranz und die Freude. Ich kann mich nicht annehmen; deshalb kann ich auch nicht die Schwächen anderer hinnehmen. Ich muß lernen, meine Schatten und heimlichen Sehnsüchte anzuschauen und auszuhalten. Denn das Leben gelingt mir nur, wenn ich barmherzig mit mir selber umgehe.

Konsumzwang

Der alttestamentliche Gottesname JAHWE bedeutet soviel wie »Ich bin, der ich bin«. Der moderne Götze heute könnte heißen: »Ich bin, was ich habe.« Es sind nicht wenige, die sich das Gefühl von Lebensqualität und Selbstwert durch ein Anhäufen materieller Dinge verschaffen. Ich meine nicht den Kauf von Gegenständen, Kleidern oder Möbeln, die über den praktischen Nutzen hinaus der Bequemlichkeit oder besseren Lebensqualität dienen. Ich denke an den Dauerkonsum, der das Maß überschreitet und zu einem Zwang geworden ist.

In einer jüdischen Erzählung wird die Hölle als ein Ort geschildert, in der alle Wünsche des Menschen sofort erfüllt werden. Darüber sind die Leute zunächst hocherfreut und wähnen sich im Himmel. Nach geraumer Zeit jedoch bemerken sie das Ausbleiben des Glücklichseins und empfinden ihren Zustand als erdrückend.

Schließlich bitten sie um die Nichterfüllung ihrer Wünsche, was ihnen ebenfalls gewährt wird. Und als sie danach um das Glücklichsein baten, wurde es ihnen logischerweise nicht erfüllt. Ein vertrakter Zustand, fürwahr. Es scheint, daß ungeordnete Wünsche stets neue gebären, weil sie keinem vernünftigen Ziel dienen, sondern nur der Auspolsterung einer spirituellen Leere. »Wer von mir ißt und trinkt«, sagt Jesus, »wird nicht mehr dürsten und hungern.« Und »was hilft es dem Menschen, wenn er Schätze sammelt, die von Motten zerfressen werden können, derweil er Schaden an seiner Seele erleidet«.

Eine Frau sagte mir einmal: »Ich hasse mich, weil ich es nicht lassen kann, Sachen zu kaufen, die ich gar nicht brauche. Es ist wie ein Zwang. Hinterher bin ich alles andere als glücklich. Und je unzufriedener ich bin, desto mehr will ich haben.«

Wer sich einsam fühlt und ungeliebt fühlt, will dieses Defizit ausgleichen. Das Ansammeln von Besitz, das Sich-fast-zu-Tode-Amüsieren sowie der übertriebene Konsum von Bild und Ton sind die schlechtesten Mittel dazu. Das Kaufen ist heute vor allem mit Symbolen des Belohntwerdens, der Größe, der Sicherheit und Freiheit verbunden. Eine Illusion der Befriedigung tritt ein, ist aber nur kurzlebiger Natur und hinterläßt eine innere Leere, die neuerlich nach Kompensation verlangt. Bei manchen Menschen wirkt das Kaufen dämpfend und beruhigend, bei anderen anregend und stimulierend.

Imelda Marcos, die Frau des verstorbenen philippinischen Präsidenten, besitzt über 2000 Paar Schuhe; ein Bekannter von mir hat 500 Krawatten im Schrank, und eine Lehrerin hat sich in ihrer 50-qm-Wohnung mit 80 Stofftieren umgeben. Man könnte über solche Macken lächeln, wenn da nicht der zwanghafte Drang nach mehr wäre. Die verzweifelte Suche nach Geborgenheit und Wärme kann zur Sucht werden. Es sind unglückliche, oft wohlhabende, aber sich nicht wohlfühlende Menschen, die Überflüssiges kaufen, ja sogar in kleptomanische Zwänge fallen können. Selbst religiöse Veranstaltungen werden mitunter in passiver Haltung konsumiert, um die innere Leere zu füllen. Eine Er-Füllung ist es jedoch selten.

Auch menschliche Beziehungen und Gefühle sind nicht von der Vereinnahmung ausgenommen. Wie immer wir das Begehren nennen, Geiz oder Selbstsucht, Neid oder Unersättlichkeit, es ist auf jeden Fall Habsucht. Das Habenwollen ist in unserer Zeit Quelle der Unruhe, ob in der rücksichtslosen Selbstverwirklichung der Kleinen oder im ruinösen Machtkampf der Großen. »Wenn ich mich schon nicht so annehmen kann wie ich bin, will ich wenigstens genießen, was ich habe.« Das kann sich auch im Eßverhalten niederschlagen: Der Hunger nach Liebe und Anerkennung kann zum Hunger nach Süßem umkippen. Liebe geht durch den Magen, macht aber nicht satt. Und deshalb kann der Konsum so etwas Unersättliches an sich haben.

Die Folgen sind nicht sofort zu erkennen. Jedes krankhafte Verhalten, sei es ein Kaufzwang, ein ständiges Naschen, ein Sammeltick oder eine Übersättigung durch akustische und optische Reize, führt zur Unmündigkeit und zum Kritikverlust, ja sogar zum Selbsthaß. Das geht langsam vor sich. Doch haben die Freunde längst erkannt, daß er seinen Alltag, sein Leben nicht mehr kreativ und produktiv gestalten kann, daß er irgendwie ein Jagender geworden ist. Plötzlich merkt man selber, daß man mehr eingekauft hat als nötig, daß man dem unnützen Tand an der Kasse nicht widerstehen konnte. »Man gönnt sich sonst nichts.« Die Verschuldung wächst. Es ist so leicht, per Kreditkarte oder Einzugsermächtigung einzukaufen. Die Kleinausgaben läppern sich zusammen. Am Ende läutet der Gerichtsvollzieher.

Das Habenwollen beschränkt sich aber nicht nur auf materielle Dinge. Es gibt Menschen, die sind in diesem Punkt äußerst bescheiden, jedoch der geistigen Habsucht verfallen: Für sie sind Titel, öffentliche Anerkennung und Sozialprestige wichtige Mittel zur Selbstaufwertung. Eifersucht und Mißgunst gehen da häufig Hand in Hand. Andere wiederum »konsumieren« Menschen, indem sie pausenlos sexuelle Eroberungen tätigen, um sich das Gefühl der Begehrlichkeit zu verschaffen. Das »Ich hab dich lieb« wird verkürzt zu einem »Ich hab dich«. Hauptsache: Man kann über Menschen verfügen, um sich so das trügerische Empfinden von Macht und Besitz zuzulegen. Wer andere »vernaschen« will, degradiert den Menschen zur Ware, die er sich – einem »Betthupferl« gleich – einverleibt.

Es gibt viele Gründe für den Konsumismus. Nicht immer muß es der frühkindliche Liebesmangel sein, der später nach Ausgleich giert. Es hat sich gezeigt, daß Verwöhnung und Konfliktverschonung weitaus häufigere Gründe für ein überzogenes Habenwollen sind. Wer nie Verzicht üben mußte, wird sich schwertun mit dem Entsagen und Teilen. Wer nie Frustrationen hinzunehmen gelernt hat wie die Menschen in den neuen Bundesländern, wird nach sofortiger Triebbefriedigung und Wunscherfül-

108

lung streben. Tatsächlich weisen die Bewohner der neuen Bundesländer einen deutlich geringeren Konsumismus auf, nachdem der erste Run auf die Kaufläden – als Nachholbedarf einzuordnen – verflogen ist.

Selbst unerhörte Gebete und das trügerische Gefühl, Gott sei abwesend, sind willkommene Gründe, einen ausgedehnten Einkaufsbummel zu tätigen, zum Ausgleich für die nicht erhaltene Zuwendung.

Das Haben vermittelt aber noch kein Sein, das heißt die übersteigerte Besitzhäufung kann auf Dauer kein Gefühl der Selbstannahme vermitteln. »Mach dich nicht so reich, so arm bist du doch nicht« rufe ich diesen Menschen zu. Oder sind es vielleicht doch arme Reiche?

Wer wiederholt seinen Besitz verloren hat und Not litt, wird möglicherweise zu einer Hamstermentalität neigen: Er wird kaufen und horten, um der unterschwelligen Verlustangst Herr zu werden. Hier ist der Geiz einzuordnen, der als übertriebene Reaktion auf befürchteten oder bereits erlebten Verlust zu verstehen ist. Ich habe Menschen in meiner Praxis gehabt, die neben einer auffallenden, ihnen aber nicht bewußten Haltung von Bequemlichkeit und Passivität Riesenansprüche an ihr Leben stellten. Ihre unsachgemäßen Vorstellungen von dem, was sie haben wollen und was ihnen zusteht, blockierte ihr Leben. Überhöhte Erwartungshaltungen führten zur Entmutigung. Nicht immer war klar, ob die Bequemlichkeit zu den Riesenansprüchen führte oder umgekehrt.

Wer erkannt hat, daß er mehr haben will als er zum Leben braucht und wer dies selbstkritisch als Ausdruck einer inneren Leere durchschaut, muß Verzicht üben. Er sollte nur das kaufen, was er sich zu Hause auf einen Zettel notiert hat. Er muß sich klar werden darüber, daß 2000 Paar Schuhe, 500 Krawatten oder 80 Stofftiere ihn nicht liebenswerter oder reicher machen. Die Wahrheit ist: Ich bin liebenswert so wie ich bin.

Vielleicht wären auch einmal die menschlichen Beziehungen zu überprüfen. Inwieweit fühle ich mich durch sie angenommen? Inwieweit belastet oder blockiert? Muß ich mich durch ein Mehr an Besitz oder Konsum, durch ein Mehr an Geschenken in ihren Augen aufwerten? Und: Wie ist mein Verhältnis zu Gott? Sind seine Anliegen (Almosen geben, teilen, unzerstörbare Schätze sammeln...) Orientierungshilfen für meine private Lebensgestaltung?

Manchmal empfiehlt es sich, bar zu bezahlen, weil der Anblick des Geldes bremsend wirken kann. Das Fastenangebot hat hier seine elementare Berechtigung.

»Ich habe gelernt, mir genügen zu lassen, wie es mir auch geht... Ich vermag alles durch den, der mich stark macht« schreibt Paulus im 4. Kapitel seines Briefes an die Philipper. Wir sollten es ihm nachmachen. Man gönnt sich ja sonst alles. Oder?

Höre, was ich nicht sage, aber durch meinen Kaufzwang ausdrücke: Ich habe Angst vor meiner inneren Leere, vor dem Nichtausgefülltsein. Deshalb sammle ich um mich Dinge, die diese unerfüllte Sehnsucht erträglicher machen sollen. Dies ist aber nicht von Dauer, so daß ich erneut dem Konsum verfalle, wobei der Selbsthaß zunimmt. Mir fehlt die geistliche Gabe zur Erkenntnis dessen, was ich nicht brauche. Ich muß lernen, darauf zu achten, nicht von den Dingen in Besitz genommen zu werden, sondern mich von Gott besitzen zu lassen. Dann habe ich ein Mehr nicht nötig.

Schüchternheit

Bei Empfängen und Partys stehen sie schweigend in den Ecken herum und halten sich an ihrem Weinglas fest. Wenn der Chef sie beim Betriebsfest mit lautem Hallo begrüßt, möchten sie am liebsten im nächsten Mauseloch verschwinden. Bei Bewerbungsgesprächen, bei Auseinandersetzungen und beim Rendezvous fällt ihnen erst hinterher ein, was sie eigentlich sagen wollten. Sie leiden sehr, die Schüchternen.

Schüchternheit beruht auf sozialer Angst; die Betreffenden unterschätzen ihre Fähigkeiten, mit anderen umzugehen; dauernd sind sie damit beschäftigt, auf die Anwesenden einen guten Eindruck zu machen. Wenn sie dann versagen, schieben sie die Schuld auf ihre Schüchternheit und brauchen sich so keinen Mangel an sozialen Fähigkeiten vorzuwerfen.

Körperlich zeigt sich diese Angst im Erröten oder Erblassen, im beschleunigten Pulsschlag und im trockenen Mund, auch im Durchfall oder in Verstopfungen. Der Cortison-Spiegel ist erhöht, gleichzeitig läßt sich bei ihnen ein Mangel an dem Neurotransmitter Dopamin feststellen. Amerikanische Forscher glauben an eine angeborene Reaktion, die sich mit entsprechenden Medikamentengaben beeinflussen läßt, etwa durch Verabreichung des Antidepressivums Imipramin. Dennoch: Sie wollen ihre Forschungsergebnisse nicht als Ermunterung verstanden wissen, Schüchternheit medikamentös zu behandeln; denn die Umwelteinflüsse sind bei ihrer Entstehung nicht gering. So haben sie auch festgestellt, daß gerade strenge Erzieher – im Unterschied zu fürsorglichen Eltern – die soziale Angst und Selbstunterschätzung bei ihren Kindern fördern, mindestens eine mögliche angeborene Reaktion verstärken.

Schüchterne Menschen schätzen ihre Umwelt und die Situationen falsch ein. Sie neigen zu Mißtrauen und Pessimismus, zu Zweifeln am Wohlwollen der anderen; sie über-

111

schätzen die Anforderungen, die man an sie stellt. Und jeder Tadel, jede kleinste Kritik empfinden sie als Verurteilung ihrer Person. Deshalb wagen sie sich nirgends vor und verachten sich wegen dieser Zurückhaltung selber. Um zu gefallen, verhalten sie sich brav und still, fast devot; denn einem so stillen und zarten Geschöpf wird man gewiß nichts antun.

Manchmal wirkt die Schüchternheit attraktiv; man sagt, stille Wasser gründen tief, und so verkennen manche jene Schüchternheit als Tugend. Sie fühlen sich angezogen und zur »Eroberung« aufgerufen, wirkt doch die Zurückhaltung sehr geheimnisvoll, die Verlegenheit so sympathisch.

Der Schüchterne äußert seine Wünsche mitunter sehr verschlüsselt; eine direkte, unmittelbare Aussage liegt ihm nicht. Er tastet sich vorsichtig heran, um im Fall einer Ablehnung keinen allzu großen Schmerz erleiden zu müssen. Seine Unverbindlichkeit macht ihn fast unangreifbar. Pointiert läßt sich das so darstellen:

Hans und Maria gingen spät am Abend zusammen auf der Straße.

»Ich habe schreckliche Angst, Hans«, sagte Maria.

»Und wovor hast du Angst?«

»Ich habe Angst, du würdest mich küssen.«

»Und wie könnte ich dich küssen, wenn ich doch in jeder Hand einen Eimer trage und unter jedem Arm eine Henne?«

»Ich hatte Angst, du könntest eine Henne unter je einen Eimer stecken und mich dann küssen.«

Ein Ehemann ist böse auf seine Frau, weil sie ausgerechnet, da er sie nötig hatte, verreiste. Auf die Frage, weshalb er sie nicht gebeten habe zu bleiben, antwortete er: »Ich habe es nicht gewagt. Ich wollte, daß sie meinen Wunsch erraten sollte.« Im Gespräch wurde ihm klar, daß der hartnäckige Groll gegen seine Frau nichts anderes war als ein

Deckmantel für den Groll, den er gegen seine eigene Schüchternheit hegte.

Schüchterne Menschen müssen lernen, aus ihrem Versteck zu treten in dem Wissen, daß die anderen ebenfalls gewisse Ängste verdecken und als sicher erscheinen möchten. Tatsächlich sind sich fast alle Menschen ähnlich in ihren Abwehrmechanismen, in ihren Sehnsüchten und Bedürfnissen nach Anerkennung. Christliche Entsagung und Bescheidenheit hat nichts mit Kleinmut zu tun. Indem Jesus den schwachen und wankelmütigen Petrus zum Nachfolger bestimmte, hob er ihn über alle hinaus. Das hat ihn keineswegs stolz und sicherer gemacht, aber mutiger. Deshalb sollten wir schüchternen, schwachen Mitmenschen unser Vertrauen schenken und ihre Fähigkeiten ansprechen. Und wenn es schief läuft, gibt es keinen Grund zum Aufstand. Trösten und Ermutigen sind von jeher die besten pädagogischen Leistungen eines Menschen, nicht das Bestrafen oder die Zuweisung von Schuld.

Einer meiner Schüler zeichnete sich jahrelang durch eine ausgeprägte Schüchternheit aus. Viele Lehrer hielten seine Passivität und Zurückgezogenheit als Ausdruck von Bequemlichkeit; entsprechend wurde seine Mitarbeit benotet. Auf dem Schulhof war er ein Einzelgänger, bei Festen stets im Abseits. Nicht, daß er Desinteresse gezeigt hätte! Im Gegenteil: Ich verspürte seinen Wunsch nach Kontakt und Begegnung; jedoch war er nicht imstande, den Anfang zu machen. Es ist erstaunlich, wie viele Menschen unter solchen sozialen Hemmungen leiden, aber ständig mißverstanden und abgelehnt werden, was ihre Schüchternheit wiederum verstärkt.

Jahre später begegnete ich diesem jungen Mann wieder und war erstaunt, wie selbstsicher und frei er sich bewegte. Ich erfuhr, daß er nach Abschluß der Schule mit einem Freund eine längere Reise durch die USA unternahm. Dieses Ereignis hat seine ängstliche Verschlossenheit gesprengt; die Begegnungen mit fremden Menschen und Ländern, das gelungene Wagnis einer »Welteroberung«

zu zweit, offenbarten ihm seine brach liegenden Fähigkeiten, beispielsweise seine Liebe zu Fremdsprachen. Er überwand seine Schüchternheit und konnte sich von nun an Gehör verschaffen.

Ein anderes Beispiel zeigt die Verwandlung der Schüchternheit in eine erlöste Form der religiösen Hingabe. Eine junge Frau entschloß sich zum Eintritt in einen kontemplativen Orden. Bei ihrem Entschluß mag auch der Gedanke mitgespielt haben, auf diese Weise ihren sozialen Ängsten entkommen zu können. Wie dem auch sei, ihre Entscheidung erwies sich als richtig. Nun erscheint die Schüchternheit nicht mehr als ein Hindernis, sondern als eine Gabe, die sie dazu geeignet macht, Gott auf ihre Weise zu dienen. Nicht immer gehen derartige Entscheidungen so glücklich aus. Eine reine Weltflucht wird kaum zu einem befreiten Ordensleben führen können.

Es kann auch nicht darum gehen, seine eigene Natur auszutreiben oder zu unterdrücken, sondern allein die Annahme seines Charakters macht den Weg frei zur Heilung. Heilung heißt nicht, daß der Schüchterne *von* seiner stillen Art, sondern *in* seiner stillen Art befreit wird. Er wird weiterhin die vorherrschenden Merkmale seines Temperaments behalten, aber frei sein von Selbstablehnung und Unterwürfigkeit. Die Gnade Gottes baut stets auf die Natur des Menschen; sie beseitigt sie nicht.

»Fürchtet euch nicht« ist wohl der häufigste Appell Gottes in der Heiligen Schrift. Jesus wußte um unseren Kleinglauben; aus diesem Grund wirkte er seine Wunder als Zeichen seiner Macht. Sie sollten den Schwachen stärken, den Verzagten aufrichten. Petrus wird neben seiner Spontaneität auch Schüchternheit nachgesagt; er war oft zögerlich, dann wieder impulsiv draufgängerisch, ähnlich einem Menschen, dem es oftmals nur gelingt, Momente der Schüchternheit aufzubrechen durch eine plötzliche Flucht nach vorn. Diese Widersprüchlichkeit machte ihm zweifellos viel zu schaffen. Kaum hat er seine Verzagtheit mit einem mutigen Durchbruch überwunden, folgt wieder ein Versagen (vgl. sein Versinken im Wasser, Matth 14,30). Jesus nimmt den Menschen in seiner Eigenart an. Diese vorbehaltlose Annahme ermöglicht erst eine Verwandlung; denn nicht ständige Mahnungen, sich gefälligst zu ändern, führen zur Veränderung, sondern nur geduldige Ermutigungen. Die Bibel empfiehlt uns, unsere Schwachheit einzugestehen und nicht den Starken zu spielen; der Glaube unterdrückt die Angst nicht; er erlaubt uns, trotzdem weiterzugehen. Denn die Gnade wird dem verheißen, der seine Schwachheit anerkennt.

Höre, was ich nicht sage, aber durch meine Zurückgezogenheit andeute:
Ich traue mir wenig zu, weil ich Angst habe vor der Blamage.
Oft weiß ich nicht, was ich reden soll.
Deshalb schweige ich. Das macht mir sehr zu schaffen, und ich beneide jeden, der redegewandt und selbstsicher auftreten kann. Manche halten mich für unfähig, für gleichgültig, für dumm. Ich bin es nicht, doch fehlt mir der Mut, aus mir herauszugehen. Bitte habe Geduld mit mir und ermutige mich zum Handeln!
Manchmal schlage ich nach dem, wonach ich mich sehne. Glaube meiner Maske nicht, ich bin anders.

Ohne Vergebung geht es nicht

Wir haben nun verschiedene Schwächen durchleuchtet und stellen fest, daß niemand frei von ihnen ist. Dabei laufen wir Gefahr, sie bei anderen als Mängel zu kritisieren, sie ihnen entrüstet vorzuwerfen, als ob wir selber frei davon wären. Jede vorschnelle Beurteilung und jede allgemeine Verurteilung enthält ein Fehlurteil. Ein Blick hinter die Masken offenbart uns das tiefe Leid, das solchen Lastern zugrunde liegt und weckt Verständnis für den Sinn des Negativen. Die nun entstehende Akzeptanz ist eine Bedingung jeglicher Bewältigung des Bösen. Auch in den scheinbar rein negativen Regungen, im Haß, in der Rachsucht, in der Schadenfreude und im Neid will der Mensch etwas Positives. Der Vandalismus der Rocker ist nicht unbegreifliche Perversion, sondern ein Guerillakrieg gegen eine Welt, die als feindlich erlebt wird. Telefonhäuschen demolieren heißt Zeichen der Überlegenheit setzen und die eigene Würde durch Rache wiederherstellen. »Das Böse ist immer scheinbar glücksfördernd, sonst würde es nicht getan«, schreibt Albert Görres in seinem Buch über »Das Böse«. Es kommen immer wieder Menschen zu mir, die darunter leiden, daß sie in den heiligsten Momenten, etwa beim Empfang der Eucharistie oder beim Abendmahl, fürchterliche Gedanken hegen müssen bis hin zum Fluchzwang. Unschwer auszudenken, mit welchen Schuldgefühlen sie zu kämpfen haben. Was sich hier so negativ darstellt, ist aber auch nichts anderes als der verzweifelte Versuch der Seele, lange unterdrückte Aggressionen endlich einmal loszuwerden. Dies darf nicht als Sünde, sondern als mißglückter Befreiungsversuch verstanden werden; denn hier liegt nicht ein moralisches Problem vor, sondern ein psychologisches.

Versöhnung mit sich selbst ist nur möglich über den Weg der Bewußtmachung dieser negativen Gefühle, die etwas Positives zu erreichen suchen. Weil sie als böse und für den Christen als verwerflich betrachtet werden, werden sie verdrängt, versteckt, von Schuldgefühlen begleitet, bis eine Erkrankung eintritt oder sie mit Vehemenz auszubrechen versuchen.

Eine Ordensfrau erkennt in der Therapie plötzlich, daß ihre Rechthaberei und ihre erdrückende Führungsrolle als Oberin keineswegs so schäbig war wie sie glaubte. Solange sie die als böse empfundenen Reaktionen zu verdrängen und durch fromme Leistungen wegzubeten versuchte, kam sie nicht zur heilsamen Erkenntnis. Erst das Betreten dieser dunklen Höhle, das Zulassen und Anschauen ihrer Beweggründe, öffnete ihr die Augen: Sie erkannte auf einmal, daß sich hinter all ihren aggressiven Verhaltensformen die Wut gegen die vielen Quäler der Vergangenheit verbarg.

Umgekehrt können wir anderen besser vergeben, wenn wir »in ihren Pantoffeln gehen«, das heißt wenn wir versuchen, aus ihrem Blickwinkel, aus ihren Verletzungen und Erfahrungen heraus zu denken und zu handeln. »Glaube mir nicht, wenn ich sage, ich bräuchte dich nicht. Im Gegenteil: Ich hoffe auf dein Verständnis, auf deine Liebe, habe aber Angst davor. Ich kann mit meinen eigenen Gefühlen nicht umgehen, und wenn du mir deine Hand entgegenstreckst, schlage ich nach ihr; aber glaube mir nicht. Ich tue, was ich nicht will; ich will nicht, was ich tue. Nur dein Verstehen, deine Geduld und dein Vertrauen vermögen mich zu heilen.« Das waren die Worte eines jungen Mannes, der unter seinen frühkindlichen Verletzungen unsäglich litt und sie mit Gewalttätigkeiten zu rächen versuchte. Die Entlastung seines Herzens von all den Vorwürfen, die er niemals auszusprechen gewagt hat, brachte die erste Befreiung. Damit er seine Eltern und Geschwister, seine Lehrer und Vorgesetzten von neuem lieben konnte, mußte er ohne falsche Scham die Feindseligkeit, die er ihnen gegenüber hegte, zum Ausdruck bringen. Mit all den erlittenen Demütigungen schlichen sich Neid und Eifersucht ein, unsägliche Wut und Selbstablehnung. Natürlich übertrug er diese Gefühle auch auf Gott, an dessen Stillhalten er sich rächen wollte, indem er in Weihwasserbehälter urinierte und Kirchenbänke zerkratzte.

Vergebung darf nicht zu früh erfolgen, weil sonst berechtigte Abwehrregungen unterdrückt werden. Ich muß meiner Empörung Luft machen dürfen, andernfalls verwandelt sie sich in destruktive Überreaktionen. Die Erzieher schlugen jeden Angriff des jungen Mannes augenblicklich zurück; so blieb er in seinem Haß gefangen.

Andere sind zu schwach, um sich zu wehren. Sie unterwerfen sich scheinbar, aus Angst, für böse gehalten zu werden und verdrängen den notwendigen Abwehrreflex. Später werfen sie sich vor, soviel bittere Kritik denen gegenüber zu hegen, die ihnen diese Verletzung zugefügt haben. Auch sie kommen nicht aus dem Teufelskreis der Verdrängungen heraus.

Vergeben heißt nicht vergessen. Das Geschehene wird erinnert, aber nicht verurteilt; es wird gedanklich verarbeitet, wiedergekäut, durchgespielt mit allen »bösen« Regungen und phantasierten Racheakten; es wird dann im Rollentausch gespiegelt: Wie hätte ich gehandelt? Welche Verletzung hat zu dieser Reaktion geführt? Vergebung findet dann meist innerlich statt, ohne es dem anderen mitzuteilen. Das gebietet die Klugheit, denn die Vergebung könnte von dem anderen als Anmaßung und Dominanz empfunden werden. Manchmal reicht auch eine kurze Mitteilung, wenn sich der andere mit uns im Gespräch befindet und um Verzeihung bittet.

Weitaus schwerer ist die Selbstvergebung. Sie wird erschwert durch Stolz und überhöhte Erwartungen an sich selbst. Durch häufige Gedanken und Erinnerungen an das Ereignis werden die negativen Emotionen wieder hervorgerufen, die die Vergebungsbereitschaft mindern. Wer hart mit sich selber umgeht und »stark« sein möchte, tut sich ebenfalls schwer mit der Selbstvergebung. In Wahrheit aber erfordert jede Form der Versöhnung Mut und seelische Stärke. Wer sich das Recht auf Fehler und Schwächen zugesteht, wer sich selber nicht zu wichtig nimmt, wird sich und anderen leichter vergeben können.

Wer depressiv ist und eine geringe Selbstachtung hat, tut sich schwer mit der Selbstvergebung; das Bild von einem strengen, strafenden Gott kann diesen Prozeß ebenfalls blockieren.

Wenn wir uns vor Augen halten, welche Gründe einer hat, andere zu verletzen, weshalb beispielsweise wir selber unseren Nächsten demütigen, dann ist Vergebung sehr einfach. Rache für erlittenes Unrecht ist das gewöhnlichste Motiv. Es gibt aber auch eine krankhafte Form von Kontaktsuche und Anbindung, die nur auf dem Weg aggressiver Äußerungen zu einer Annäherung fähig ist. Die Provokation will nicht primär verletzen, sondern aus der Reserve locken, um dann in Kontakt mit diesem Menschen zu treten. Nicht selten führen auch Hilflosigkeit und Überforderung zu aggressiven Verhaltensweisen. Es sind vorwiegend die Männer, die sich gegenüber ihren weinenden Ehefrauen ohnmächtig fühlen und dann ausrasten.

Die Vergebung ist eine tägliche Angelegenheit; sie bedeutet Neuanfang und Loslassen der Vergangenheit. Ermöglicht wird sie durch Gestatten der peinlichen Gefühle und Gedanken, nicht durch Verbieten. Jesus wußte um diese menschlichen Regungen und empfiehlt ein faires Gespräch der Klärung unter vier Augen (Matth 18), eine sachliche Auseinandersetzung mit anschließender Zusammensetzung (Lukas 17,3).

Es ist erstaunlich, wie wenig es den Christen gelingt, Feindseligkeiten aus der verletzten Seele heraus zu verstehen und zu vergeben. Die Empfehlungen Jesu bestehen doch im wesentlichen darin, das Positive im Negativen zu sehen, und dennoch finden gerade fromme Menschen die Zumutung sehr verrückt, die Haltung Jesu auszuprobieren: Unrecht zu ertragen, Ängste zu überwinden, Beleidigungen zu verzeihen, die Freundschaft nicht aufzukündigen, Feinde zu lieben. Die Bibel zeigt uns nicht ein idyl-

119

lisches Bild von Auserwählten, sondern Menschen wie Sie
und ich, die die ganze Last ihres Temperaments und ihrer
erlittenen Kränkungen tragen: der weglaufende Jona, der
besoffene Noah, der wollüstige Simson, der machtgierige
Salomo, der halbherzige Asa, der feige Petrus, die ehrgeizi-
gen Jakobus und Johannes.

Und dennoch hat sie Gott gewollt, gebraucht, geliebt,
begabt und errettet. In der Tat: Die Heilige Schrift sagt
uns, daß wir alle gleich sind. Diese Botschaft kann jeden
von seinen erdrückenden Minderwertigkeitsgefühlen heilen.

Sind immer die Erzieher schuld?

Nein. Immer wieder hören und lesen wir, daß Verhaltens-
auffälligkeiten und Charaktermängel auf Fehler in der
kindlichen Erziehung zurückzuführen seien. Diese Feststellung verdanken wir weitgehend Sigmund Freud, der
die Wurzel aller Neurosen in der Kindheit vermutete. Es
überrascht daher nicht, wenn sich viele Eltern schuldig
fühlen und die Kinder sämtliche Probleme auf ihre Erzieher abwälzen mit dem Argument: »Ich kann nichts dafür;
ihr habt mich ja so erzogen!«

Auch wenn meine eigenen Erklärungsversuche weitgehend auf die Kindheitsjahre bezogen sind, muß das nicht
heißen, daß dem immer so ist. Zwar sind die ersten Le-
bensjahre die wesentlichen Jahre, in denen eine starke Prä-
gung (Charakterisierung) stattfindet; sie muß aber nicht
unabänderlich sein. Gewiß gibt es massive Fehlanpassun-
gen (Neurosen), die infolge gehäufter und sich immer wie-
derholender Fehler entstehen und später nur schwer zu
heilen sind. Hier sind vor allem der ständige Mangel an
Zuwendung, die Kontrasterziehung (»mit Zuckerbrot und
Peitsche«) sowie die einengende Überfürsorglichkeit als
schwerstwiegende Ursachen zu nennen. Auch wird die
Verantwortung und die Hauptlast der Erziehung immer
noch zu einseitig auf die Mutter übertragen, die sich wiederum auf ihre Intuition verläßt oder die Erziehungsme-
thoden ihrer Eltern übernimmt.

Es gibt keine fehlerfreie Erziehung. Wo Aussprachen,
Auseinandersetzungen und Versöhnung möglich waren
und sind, haben Erziehungsfehler, die in Unkenntnis und
gutgemeint geschehen sind, keine bleibende Bedeutung.
Nicht allein die Eltern beeinflussen ihre Kinder. Einen frühen Einfluß haben der Kindergarten, dann die Spiel- und
Schulkameraden, später die Freunde und vor allem die
Medien. Es nützt keinem, wenn sich die Mütter oder Väter
in Schuldzuweisungen zerfleischen oder erkannte Fehler in

übertriebener Fürsorge und Verwöhnung wettmachen wollen. Wenn die Kinder Vorwürfe machen und sich ständig auf irgendwelche Fehlverhalten ihrer Eltern berufen, um sich so ein Alibi für die versäumte Selbsterziehung und Eigenverantwortung zu verschaffen, sollte man sie auf die Notwendigkeit der Vergebung hinweisen: »Wir haben sicher manches falsch gemacht. Willst du dich ein Leben lang darauf berufen? Jeder von uns macht Fehler. Das ist nicht das Schlimmste. Das Schlimmste ist, sie nicht verzeihen zu wollen.«

Auch muß diesen Kindern klargemacht werden, daß Verletzungen und Fehlverhalten nicht nur auf einer Seite zu suchen sind; Kinder können ebenfalls sehr tief verletzen und gegen das Gebot der Elternliebe und des Gehorsams verstoßen. Manche verschaffen sich dann ein Alibi für ihren destruktiven Eigensinn, indem sie sich auf irgendeinen Fehler der Eltern berufen. Es gibt auch die Eigenverantwortung und die Verpflichtung zur Selbstkorrektur. Stets müssen sich beide Seiten hinterfragen lassen.

Gewiß, wenn gravierende Versäumnisse und schwere moralische Verstöße bewußt werden, bleibt oft nur noch die Bitterkeit der späten Reue und das Hintreten vor Gott. Ich persönlich halte es für bedauerlich, daß es in den Schulen kein Pflichtfach zur »Praxis der Selbsterkenntnis und Erziehung« gibt. Wir lernen, wie Seneca zu Recht sagte, immer noch zu sehr für die Schule, nicht für das Leben. Die Vermittlung des pädagogischen Wissens (vor allem auch durch praktische Rollenspiele) wird die Probleme sicher nicht beseitigen, aber reduzieren.

Viele Eltern fragen nach praxisbezogenen, christlich orientierten Erziehungshilfen. Es gibt sie. Zum Beispiel die Bücher von Christa Meves. Zum Beispiel (zwar ohne religiöse Aspekte, aber doch sehr gut in pädagogischer Hinsicht) die »Elternbriefe des Arbeitskreises Neue Erziehung e. V.« in 10969 Berlin, Markgrafenstr. 11 (Telefon 0 30/2 59 00 60). Eine komplette Mappe mit Hilfestellungen bis zum 8. Lebensjahr kostet zur Zeit 25,– DM. Ansonsten empfehle ich, in christlichen Buchhandlungen nach entsprechender Literatur zu fragen. Ich habe die Erfahrung gemacht, daß dort noch die brauchbarsten und preiswertesten Angebote liegen.

Doch nutzt die Kenntnis gewisser pädagogischer Kunstgriffe wenig, wenn die Erzieherpersönlichkeit auf der Strecke geblieben ist, wenn sie ihre eigenen Schatten nicht kennt und annimmt. Ich begegne immer wieder auch Menschen, die trotz einer katastrophalen Kindheit und einem zerrütteten Elternhaus relativ stabile Persönlichkeiten geworden sind. Entgegen allen Unkenrufen und tiefenpsychologischen Gesetzen entwickelten sie sich zu eigenverantwortlichen und selbstkritischen Menschen. Die meisten von ihnen führten dies auf den späteren Einfluß einiger Bezugspersonen zurück, mit denen sie in engem Kontakt standen; andere fanden erst wieder zum Sinn des Lebens und zu sich selbst, nachdem sie eine religiöse Umkehr durchmachten, ausgelöst durch den Kontakt mit Gebetsgruppen oder mit Persönlichkeiten von starker spiritueller Ausstrahlung.

Wir sehen also, daß nichts so enden muß, wie es begonnen hat. Es gibt immer noch die Möglichkeit eines seelischen und geistigen Wachstums. Entscheidend für eine Neuorientierung und Heilung sind Leidensdruck, Bereitschaft zur Veränderung und Aussöhnung mit dem bisherigen Leben. Jeder sollte sich verantwortlich fühlen für seinen Nächsten und ihn so behandeln, wie er es für sich selber wünschen würde: tolerant, partnerschaftlich, einfühlsam und unverschlüsselt. Wer wirklich liebt, hat auch die Kompetenz, aus pädagogischen Gründen Schmerz zuzumuten, weil auch Gott dem Schmerz zumutet, den er liebt und an sich ziehen will. Liebe ohne Schmerz ist eine Illusion. Wie schon gesagt: Konflikte sind dazu da, bewältigt zu werden. Wer im Geist Gottes lebt und ihn in seine Erziehung einläßt, wird der bessere Erzieher sein.

Literatur

Becker, Wilhard und Kristin: Füreinander begabt. Stuttgart 1986

Bernard, Cheryl / Schlaffer, Edith: Eifersucht. In: Psychologie heute, Nr. 12, 1985, S. 20–28

Dunde, Siegfried Rudolf: Neid. In: Psychologie heute, Nr. 11, 1984, S. 20–28

Görres, Josef / Rahner, Karl: Das Böse, Freiburg 1982

Müller, Jörg: Der Umgang mit sich und anderen. München 1988, vergriffen

Rattner, Josef: Der schwierige Mitmensch. Olten 1970

Tausch, Reinhard und Anne-Marie: Erziehungspsychologie. Göttingen 1977

Tournier, Paul: Menschsein ohne Maske, Bern o. A.

dto.: Die Starken und die Schwachen. Freiburg 1980

BÜCHER VON JÖRG MÜLLER
IM J. F. STEINKOPF VERLAG

Ein Christ, der sich von dem läßt lenken,
was so die Leute von ihm denken,
soll lieber einmal danach fragen,
was Gott von ihm wohl würde sagen.

Ein Christ
Gereimte Ungereimtheiten eines Betroffenen

Noch ein Christ
Andere Ungereimtheiten eines Betroffenen

Schon wieder ein Christ...
Neue gereimte Ungereimtheiten
Je 48 Seiten, 10 Karikaturen von Klaus G. Müller,
kartoniert

Heitere Gedichtbändchen mit Illustrationen, die die
Schwächen des christlichen Alltags trefflich und pointiert
aufs Korn nehmen. Gedichte im Eugen-Roth-Stil für Suchende, Verirrte, Verwirrte, für jeden (Super-)Christen
und für den, der keine Zeit zum müßigen Lesen hat. Ideale
Geschenke für alle Anlässe.

Verrückt – Ein Christ hat Humor
16 Kapitel gegen Mutlosigkeit
Mit Alexander Diensberg, 144 Seiten, kartoniert

Mit Humor betrachtet, bekommen Situationen im Leben andere Aspekte: Streß, Zorn, Eifersucht, Ungeduld, Unzufriedenheit, aber auch Sorge, Angst, Trauer und Verlassenheit. Mit ernsten und heiteren Texten, Gebeten, Versen und Geschichten um Gott vermittelt Jörg Müller ein befreiendes Gottesbild. Zu den einzelnen Themen hat Alexander Diensberg Lieder komponiert, die leicht zu singen und zu begleiten sind. Zwölf dieser Lieder sind auch auf MC und CD erhältlich.

Stell dein Licht auf den Leuchter
Verständnis und Mißverständnis christlicher Demut
96 Seiten, kartoniert

Echte und falsche Demut werden untersucht, versteckte Selbstablehnung und fragwürdige Selbstlosigkeit werden aufgedeckt. Was meinte Jesus mit Selbstverleugnung? Der Verfasser zeigt auf, daß falsche Bescheidenheit zu Eitelkeit neigt und in verkappter Form nach Anerkennung sucht. Es geht um die rechte Weise der Demut, die Mut macht zu den eigenen Fähigkeiten, die auch gut zu sich selbst sein kann und sich nicht vor Auseinandersetzungen scheut.

Gott heilt auch dich
Seelische und körperliche Heilung durch einen lebendigen Glauben. 96 Seiten, kartoniert

Hier wird eine christlich orientierte Lebenshilfe angeboten. Heilung ist möglich, wenn Selbstannahme, Vergebung und Hören auf Gottes Handeln geübt werden. Erfahrungen aus Gebetsgruppen sowie authentische Heilungs- und Glaubenszeugnisse liegen den lebendigen Schilderungen zugrunde.

Wege zum geistlichen Leben
128 Seiten, kartoniert

Es gibt Leute, die Gott suchen und froh sind, daß sie ihn nicht finden, weil sie sonst ein kompromißloses und konsequentes Leben führen müßten. Hier aber wird praktische Hilfe zu einem erlösten und gesunden christlichen Leben angeboten. Es werden normale und krankhafte Formen religiösen Lebens dargestellt; ebenso wird eine Spiritualität beschrieben, die mit normalen Problemen und Grenzerfahrungen zu tun haben darf. Der Verfasser warnt vor Irrwegen und Abwegen im Okkultismus.

Und heilt alle deine Gebrechen
Psychotherapie in christlicher Sicht
144 Seiten, kartoniert

Eine längst fällige Einführung in die biblisch-christliche Psychotherapie und Psychiatrie. Der Autor setzt sich kritisch mit den herkömmlichen Therapieverfahren auseinander.

Ich habe dich gerufen
Meine Erfahrungen mit Gott
118 Seiten, kartoniert

In spannender und anschaulicher Sprache berichtet Jörg Müller von seinen Erfahrungen mit Gott, von seinen Wegen und Umwegen, seinen Glaubenskämpfen und abenteuerlichen Überraschungen, von seinem Versuch, aus der Gesellschaft auszusteigen. Offen dokumentiert er, wie Gott ihn durch Höhen und Tiefen führte und ihm zuletzt mehr schenkte als er erbat. Ein ermutigendes und faszinierendes Glaubenszeugnis.

J. F. Steinkopf Verlag

1996
120 Seiten
kartoniert
ISBN:
3-7984-0735-5

Christoph von Lowtzow ist Pastor in Quickborn bei Hamburg und bekannt durch mehrere Bücher zur Praxis der Gemeindearbeit.

Der Hauptteil des Buches enthält ein systematisch gegliedertes Gebets-Kalendarium: je eine Seite mit zwei Gebeten für jeden Sonn- und Feiertag des Kirchenjahres. Dabei werden in einfachen Worten Themen von heute zur Sprache gebracht. Ohne die Probleme der Gesellschaft und des Einzelnen zu verschweigen, sind die Gebete dennoch vor allem als Ausdruck von Dank und Hoffnung formuliert.

*»**Dieses Buch** ist aus einer Gebetspraxis erwachsen, die mitten im heutigen Leben steht und den sehr unterschiedlichen Anliegen der Betenden viel eigenen Raum läßt. Indem Gott und Mensch im engen Miteinander gesehen werden und die Stille von zentraler Bedeutung ist, wird der Weg geebnet für eine zeitgemäße christliche Mystik.«* Christoph von Lowtzow